Falando de Espiritualidade

Falando de Espiritualidade

Wagner D. Borges

EDITORA PENSAMENTO
São Paulo

Copyright © 2002 Wagner D. Borges.

Todos os direitos reservados. Nenhuma parte deste livro pode ser reproduzida ou usada de qualquer forma ou por qualquer meio, eletrônico ou mecânico, inclusive fotocópias, gravações ou sistema de armazenamento em banco de dados, sem permissão por escrito, exceto nos casos de trechos curtos citados em resenhas críticas ou artigos de revistas.

Correspondência para o autor:

Instituto de Pesquisas Projeciológicas e Bioenergéticas
Rua Gomes Nogueira, 168 – Ipiranga
São Paulo – SP
CEP: 04265-010 Fone /Fax: (011) 6163-5381
Internet: http://www.ippb.org.br
E-mail: info@ippb.org.br

O primeiro número à esquerda indica a edição, ou reedição, desta obra. A primeira dezena à direita indica o ano em que esta edição, ou reedição, foi publicada.

Edição	Ano
1-2-3-4-5-6-7-8-9-10	02-03-04-05-06-07-08-09

Direitos reservados
EDITORA PENSAMENTO-CULTRIX LTDA.
Rua Dr. Mário Vicente, 368 — 04270-000 — São Paulo, SP
Fone: 272-1399 — Fax: 272-4770
E-mail: pensamento@cultrix.com.br
http://www.pensamento-cultrix.com.br

Impresso em nossas oficinas gráficas.

Dedicatória

Esse livro é dedicado a dois mestres espirituais plenos de sabedoria e amor: Sri Aurobindo e Francisco de Assis.

Que a luz desses dois amigos da humanidade possa brilhar nas páginas desse livro e no coração dos leitores sintonizados com a paz e a espiritualidade.

Aprendi com eles que sem amor ninguém segue adiante...

Wagner D. Borges
Outono de 2002

Agradecimentos

Sete pessoas foram fundamentais para a existência deste livro.
São elas:

Nair Martines Penna Cortijos
Fernando Robles Cortijos
Luis Carlos Medeiros
Ricardo Riedel
José Vicente da Silva
Moisés Tinoco

e

Vítor Hugo França

Que O Grande Arquiteto Do Universo ilumine seus caminhos
e que seus corações sejam beijados pelos devas da alegria e da abundância.

Sumário

Prefácio 11
Introdução 13
Apresentação 15
Apenas Ser 16

Capítulo I - Diálogos

Diálogos - I 19
Diálogos - II 23
Diálogos - III 25
Diálogos - IV 28
Diálogos - V 29
Diálogos - VI 32
Diálogos - VII 34
Diálogos - VIII 35

Capítulo II - Luz

Uma Luzinha no Coração, *Forever!* 39
Obrigado, Luz! 41
Heróis 46
Guerreiros do Sol 47
Doce Canto de Amor 49
Conversando com um Amigo Extrafísico 50
Lições da Natureza e da Vida que Ri 53
Luz 57

Capítulo III - Falando de Paz

Espírito da Paz 61
Raio Consciencial 63
Assistência Radiante 66
O Recado do Sol 68
Uma Chave de Abundância e Esperança 70
O Sol da Paz 74

Capítulo IV - Nas Ondas da Experiência

Surfistas da Vida 83
Homens-Livros 84
Luz no Caminho 86
Nas Ondas do Silêncio 88
Autocura Colorida 90
Nas Vibrações do Kailash 97
Rei do Coração 99

Capítulo V - Jornada Espiritual

Peregrinos do Infinito 105
Espantando as Sombras 107
Técnica de Combate às Cinco Sombras do Ego 109
Um Toque de Compaixão 110
Magia e Ética 112
A Relatividade dos Opostos 115
Viagem Espiritual no Rio de Estrelas de uma Criança 117
Visão Dourada 119

Capítulo VI - Falando de Espiritualidade

Falando de Espiritualidade - I 123
Falando de Espiritualidade - II 124
Fim do quê? 126
Decisões 128
Reflexões Espirituais - I 130
Reflexões Espirituais - II 133
Equilíbrio Vital 135
O Tao das Flores e do Sol 136

Capítulo VII - Tempo de Crescer

Flores e Jóias Sutis 145
Aulas do Dr. Tempo 147
Viver, Aprender, Sorrir e Seguir... 148
Idades 149

Recado dos Irmãos da Natureza 150
Toques do Aeroporto 152
Palavras do Tempo 153
Site Espiritual 155
O Caminho da Experiência 156

Capítulo VIII - Céu do Coração

Viagem ao Céu do Coração 159
Dançando com a Luz 160
Sonhos e Vôos 161
Meu Pensamento Voa pelas Estrelas... 162
Declaração dos Direitos do Homem e da Mulher ao Amor .. 163
O Amor é o Dom Supremo 165
Estrelinha no Lótus Azul 168
Só o Amor 170
A Chegada de Ananda 171
Carona Espiritual 172
Exercício das Flores 174

Capítulo IX - Toques Xamânicos

Flores-Brilho 179
Filhos de Manitu 180
Contatos Interdimensionais 182
Nas Ondas de um Amor Sem Fim 185
Exercício do Arco-Íris 188
Exercício da Estrela de Cristal 190

Capítulo X - Mestres e Amigos da Humanidade

Sol Nascente 195
Carta ao Buda 197
Um Encontro Luminoso 202
Sorrisos no Coração-Menino 203
Andando com Krishna 204
Rabi, Doce Rabi 207
Francisco de Assis, o Chiquinho de Jesus 209

Posfácio
Telas da Vida 215

Glossário
Glossário 219

Prefácio

Sinto-me especialmente feliz e privilegiada por ter visto este livro crescer dia após dia.

Trata-se de uma coletânea de textos escritos pelo prof. Wagner Borges ao longo dos últimos anos. Muitos foram recebidos espiritualmente em suas aulas diante de dezenas de pessoas, em uma atmosfera do mais puro amor e contentamento.

Sei da repercussão benéfica que muitos desses textos causaram nas pessoas. Muitas estavam tristes e totalmente perdidas. De alguma forma, foram sensibilizadas pelas palavras divinas, que causaram uma verdadeira mudança consciencial e espiritual.

São textos belíssimos, profundos e inspiradores que nos fazem viajar pelas ondas sutis da Espiritualidade, nos fazem crescer, rir e chorar de emoção. Tocam os recônditos mais secretos e puros do nosso coração, em uma comunhão com o Alto.

Não sei que poder divino há nesta obra, mas posso dizer que ela modifica nossa atmosfera espiritual, nosso humor, nossa maneira de ver o mundo, enfim, modifica nossa vida.

Caro(a) leitor(a), deixe-se levar pelas páginas deste livro. Que sua alma se nutra com esta riqueza espiritual.

Que a luz contida em cada linha faça seu coração se encher de bem-aventurança.

Que cada célula de seu corpo se renove com as palavras de fé e de amor.

Que seus olhos possam brilhar e sorrir, como vi acontecer com tantos colegas que também fizeram esta *viagem espiritual*.

E, principalmente, sinta que em você há uma essência tão divina que vibra em ressonância com tudo o que é puro e pacífico. Essa essência é como uma flor. Que este livro seja um precioso alimento para sua flor interior desabrochar maravilhosamente e encher o mundo com suavidade e beleza...

Muita paz, luz e amor em sua vida!

– Nair Cortijos –

(Amiga e coordenadora do site do Instituto de Pesquisas Projeciológicas e Bioenergéticas – IPPB)

Introdução

Este livro é uma seleção de escritos divulgados originalmente no *site* do Instituto de Pesquisas Projeciológicas e Bioenergéticas – IPPB, no período de 1998 a 2001. Centenas de pessoas leram esses textos, diversas listas de discussão da Internet os reproduziram e muitos grupos espiritualistas os estudaram em suas reuniões. Inclusive, muitos leitores escreveram-me sugerindo a sua publicação em um livro.

E eles tinham (e têm) razão. Se esses textos ficassem restritos somente à Internet, muitas outras pessoas sem acesso à rede não os leriam.

Portanto, o objetivo desta obra é veicular de forma aberta e direta uma espiritualidade bem próxima do cotidiano das pessoas. Alertar para o fato de que a espiritualidade não é uma doutrina, mas um estado de consciência interior e que o crescimento consciencial é questão de foro íntimo, que demanda muito estudo e trabalho. É tocar nas teclas do discernimento e do amor no coração para manifestar uma energia criativa e cheia de boas vibrações.

* * *

Muitos pensam que os estudos espirituais servem para afastar as pessoas da vida comum ou que não é possível conciliar a vida cotidiana com tais estudos. Porém, isso é um equívoco. Nada está mais longe da verdade. Não é necessário o espiritualista morar em um sítio afastado da civilização ou deixar de brincar e sorrir só porque estuda os assuntos espirituais. O que demonstra o nível de cada pessoa é a soma do que ela pensa, sente e vive. É o que ela é! E quem é sisudo está distorcendo o que aprendeu. Cara amarrada não denota seriedade, apenas evidencia o radicalismo e a acidez emocional. Muitos espíritos atormentados após a morte e que estacionam nos níveis extrafísicos densos também estão de cara amarrada, e não são felizes.

* * *

Falar de espiritualidade é sempre motivo de alegria e luz para o espiritualista sadio e dedicado à tarefa de veicular os temas espirituais de forma clara e simples, acessível a todas as pessoas. Por isso, os amparadores extrafísicos (mentores espirituais) sempre oferecem uma assistência espiritual maravilhosa na confecção dos textos que visam o bem. Eles inspiram a lucidez e o amor que norteiam os escritos voltados para o esclarecimento consciencial.

* * *

Diversos termos utilizados nestes textos e que não são muito conhecidos popularmente estão explicados claramente no glossário. Também deixei os textos com a mesma característica intimista e simples com que foram divulgados na Internet, alguns deles até com detalhes pessoais (a música que eu estava ouvindo na hora de escrever, os detalhes da inspiração que chegava ou a descrição da atmosfera espiritual do momento). Eu poderia adaptá-los e torná-los mais formais para esta edição, mas preferi manter o estilo direto, como se eu fosse íntimo dos leitores. Dessa maneira, ficamos mais próximos do ponto de vista vibracional (sintonia é uma das palavras-chave na via espiritual) e caminhamos juntos na viagem espiritual deste *Falando de Espiritualidade*.

Que estes escritos possam iluminar a consciência e o coração de todos os leitores, da mesma forma que iluminaram minha consciência e meu coração enquanto eu os escrevia.

Que estas páginas possam transmitir a espiritualidade como o sábio Hermes Trismegisto um dia registrou:

"O INEFÁVEL É INVISÍVEL AOS OLHOS FÍSICOS, MAS É VISÍVEL À INTELIGÊNCIA E AO CORAÇÃO."

A todos os leitores, Paz e Luz.

– Wagner Borges –

Apresentação

No pórtico deste livro, convidamos os leitores para uma salutar reflexão:

"Quem é que escreve o quê?"

Se na casa do Pai Celestial há muitas moradas e miríades de seres em freqüências vibracionais diferentes, quem poderá dizer com certeza que está sozinho ao escrever algo?

No contexto multidimensional da vida, a sintonia nos mesmos objetivos conecta as consciências na mesma UNIÃO. O sutil interpenetra o denso. O invisível é a essência do visível. O amor inspira silenciosamente.

O escritor escreve inspirado pelas harmonias sutis de seus próprios potenciais espirituais. No entanto, obedecendo às ordens do Alto, muitos agentes invisíveis dedilham sutilmente os cordéis conscienciais que ativam suas melhores inspirações.

De onde vêm as idéias para a confecção de determinados textos?

Quem faz brotar no coração do escritor as flores da inspiração que encantam os leitores?

A realidade é uma só: o Grande Arquiteto do Universo é o verdadeiro autor de tudo!

Os leitores, o escritor e seus amparadores extrafísicos fazem parte do livro da vida infinita.

Convidamos os leitores para um passeio reflexivo em meio às idéias expostas neste livro que fala de Espiritualidade.

O objetivo dos textos aqui apresentados é projetar nas "Telas da Vida" palavras de luz que inspirem a caminhada espiritual dos homens.

Lembrando do Grande Arquiteto do Universo, agradecemos a oportunidade de apresentar este *Falando de Espiritualidade*.

E novamente perguntamos aos leitores e também ao escritor:

"Quem é que escreve o quê?"...

– Os Iniciados* –

---

* Os Iniciados são um grupo de mentores extrafísicos ligados à antiga sabedoria espiritual do Oriente.

Apenas Ser

"Observemos as flores. Elas estão ali apenas; são o que são. Da mesma forma, sejamos nós mesmos; com a dualidade de defeitos e qualidades por enquanto, mas sempre evoluindo, sem pressa nem morosidade, sem máscaras ou ilusões do ego. Apenas nós mesmos, juntos, crescendo, aprendendo, sorrindo e buscando aquele Amor Onipresente no fundo do nosso coração. Apenas fluindo pela vida, sem as teias de aranha e os fantasmas do passado. Apenas sendo, sem a agonia de pretender conhecer o amanhã. Só vivendo o agora e vendo o sol brilhar, no céu e em nós mesmos."

– Wagner Borges –

"Experiência não é o que acontece com você. É o que você faz com aquilo que acontece com você."

– Aldous Huxley –

Capítulo I

Diálogos

Capítulo 1
Diálogos

Falando de Espiritualidade

Diálogos - I

Lahiri Mahasaya disse a seu mestre Bábaji:

– Senhor, deixe-me ficar aqui no Himalaia praticando a krya-yoga. Quero permanecer ao seu lado em constante samadhi.

Bábaji olhou firmemente nos olhos de seu discípulo e respondeu-lhe:

– Lahiri, a Luz não está no Himalaia; está no centro do olho espiritual. Mergulhe na estrela prânica e entre na paz da consciência serena. Viaje pelas cordilheiras do amor em seu coração espiritual e leve minha mensagem aos homens de todas as raças. Diga-lhes que o amor divino não tem fronteiras, raça, sexo ou religião. A luz espiritual já brilha em cada ser, singelamente, convidando a todos a descartar as emoções densas e a desenvolver as virtudes.

Meu filho, vá até os homens e ensine-os a arte da krya-yoga.

Mostre-lhes o Himalaia da consciência esclarecida dentro deles mesmos. Leve até eles a certeza de que minha presença não depende de fenômenos físicos ou psíquicos.

Surgirei dentro do olho espiritual das pessoas sintonizadas com a divina compaixão.

Protegerei os trabalhadores espirituais dedicados e os simples de coração em qualquer hora ou plano de manifestação.

Meu Himalaia espiritual está no centro das consciências que trabalham a favor do progresso da humanidade.

Querido, viva entre os homens e cumpra a sua missão. Estaremos sempre juntos, no olho espiritual.

* * *

Certa vez, Ananda perguntou a Sidarta Gautama, o Buda:

– Mestre, como atingir o nirvana?

O Iluminado olhou-o com ternura e disse-lhe:

Wagner Borges

– Abaixo da iluminação, tudo é dor e miséria consciencial.

Medite na suave compaixão que permeia a vida de todos os seres sencientes do universo fenomênico.

Disseque o seu ego e perceba a verdade: a luz do nirvana é a luz do coração!

Vá bem fundo, Ananda, e descerre os véus da ilusão.

Descubra o Sol da compaixão e ilumine-se com o brilho da paz interior.

O nirvana é um oceano de serenidade. É pura plenitude suave.

Seja sereno e terno, meu bom amigo.

Viva com retidão de princípios e seja paz em ação.

O nirvana está dentro de você.

* * *

Arjuna, o discípulo-arqueiro de Krishna, estava triste, pois vários amigos seus haviam tombado na recente guerra dos Bharatas. Ele acercou-se de seu mestre e disse-lhe:

– Meu doce Senhor, a tristeza está me consumindo e a força vital escapa de meu corpo. É chegada minha hora final?

Krishna olhou-o com ternura. De seus olhos de lótus emanava suave luz azul. Disse-lhe, então:

– Narananda, a alma não nasce nem morre; apenas entra e sai de corpos perecíveis. É eterna e imutável. Não pode ser ferida ou fenecer. Como você poderia morrer se é parte integrante do Eterno? Alegre-se, meu amado. Cada alma é potencialmente divina. Seus amigos não morreram; apenas foram levados para níveis de vida mais sutis. Estão vivos e ativos nas dimensões do infinito.

Quanto a você, não é chegada a sua hora final, nem agora, nem depois, pois é impossível o fim do Eterno.

Reaja, amigo! Rompa o crisol da tristeza. Há muito trabalho a fazer e sua tarefa mal começou. Ao longo dos milênios, você viajará

Falando de Espiritualidade

pelo mundo em corpos e nações diferentes, levando acesa a tocha da espiritualidade consciente.

Essa é a sua principal batalha: transmitir aos homens a certeza da imortalidade.

Alegre-se, arqueiro da Luz! A alma é imperecível. É pura luz eterna.

Venha, vamos entrar em samadhi e beijar o infinito. Tudo é Luz!

* * *

Sukadeva perguntou a seu pai, o sábio Vyasa:

– Senhor, como posso entrar em contato com os níveis da consciência cósmica e comungar com as verdades transcendentais?

O sábio ficou em silêncio por um tempo. Quando falou, seus olhos brilhavam sintonizados com o Sol do samadhi.

Disse ele:

– As verdades espirituais estão dentro do bosque secreto do coração. Entre nele e passeie por entre as árvores da sabedoria.

Observe a vegetação luxuriante das emoções e a placidez das flores.

Com suavidade, aprofunde-se mais e vá até o parque dos devas. Brinque e cante com eles a canção do samadhi.

Deslize pacificamente pelas linhas da consciência cósmica. Viaje pelas dimensões sutis e integre-se no esplendor das consciências lúcidas e livres das peias do ego. Voe com os devas e banhe-se na luz-amor de Brahman.

Abrace o Universo com o pensamento puro e torne-se veículo de celestes numes para os sofredores de todos os lugares.

Filho querido, lembre-se de que o seu coração é um portal de amor. Viaje pelo bosque secreto e seja feliz.

Que Brahman o conduza.

* * *

Os mestres não estão em algum lugar especial.

Eles estão na consciência cósmica, além das luzes do mundo.

Sua ação é sutil e transformadora.

Trabalham em silêncio na sintonia da paz imperecível.

Operam além dos modismos temporários tão em voga nos dias atuais.

Não compactuam com leviandades místicas.

Além do turbilhão emocional dos homens estão os mestres.

Eles são a expressão do trabalho e do amor.

Falando de Espiritualidade

Diálogos - II

O sábio Vasishta disse a Rama:

– Querido Príncipe, olhe além dos elementos primários e veja a luz estelar dentro da pedra.

Use sua percepção espiritual e perceba o sol dentro de seu coração. Não há um só lugar onde o Todo não esteja presente. Tudo é Ele! Cada ser, Seu avatar. Luz das luzes, Ele é a essência de suas virtudes.

Nobre Rama, acenda o fogo do discernimento e espalhe sua luz sobre os homens da Terra. Cumpra sua missão e resgate a alma dos homens das trevas do ego.

E assim, segundo a tradição espiritual, duas estrelas desprenderam-se da abóbada celeste em direção à Terra. Uma era Rama; a outra, Hanuman.

Desde então, cada espiritualista dedicado ao Bem dos homens passou a ser protegido espiritualmente pela virtude de Rama e pela força de Hanuman.

Que cada trabalhador espiritual saiba disso, sinta-se protegido e fique firme no cumprimento de suas tarefas existenciais.

OM TAT SAT!

* * *

Tulku perguntou ao sábio tibetano Padmasambhava:

– O Senhor é mestre de vajra (diamante). Por favor, poderia ensinar-me sobre a natureza da Paz?

O sábio verteu intensa compaixão pelo olhar e disse a Tulku:

– Da mesma forma que os dedos seguram os objetos, o ego segura as emoções, e sua atitude de apego causa intensa constrição energética.

Wagner Borges

Por isso, o Senhor Buda ensinou: "Apego sensorial é escravidão! É um fator que leva a consciência à miséria espiritual."

Só a paz profunda do coração é capaz de dissipar a agitação da mente.

Desvie a atenção para o centro do coração espiritual e descanse na suavidade da Paz.

Deixe a ansiedade da mente isolada e mergulhe no centro de sua própria luz.

Visualize uma terna energia cor de vinho ou rosa espalhando-se pela área interna do peito.

Medite na compaixão sem fronteiras.

Sinta-se uma jóia de alegria e brilhe, meu amigo.

Inunde todo o seu ser com milhões de sorrisos.

Tulku, a ilusão é senhora do mundo e a dor é sua filha dileta.

Se em meio ao caos das sombras do ego, a jóia da compaixão sorrir em seu peito, a paz imperturbável diluirá a ilusão de seus sentidos e libertará o Buda que mora nas entranhas de suas energias.

E você será livre, caro amigo. Livre para amar, sorrir e ser pura paz em suave movimento.

A seguir, Tulku perguntou-lhe:

– Ensine-me algo sobre o mantra de Avalokitesvara (OM MANI PADME HUM).

Respondeu-lhe Padmasambhava:

– O mantra OM MANI PADME HUM é só compaixão! Não há muito que explicar, só sentir.

Música e mantras renovam as energias do coração.

Medite, meu amigo: "A paz do Buda é imponderável".

Falando de Espiritualidade

Diálogos - III

Fédon de Elis disse ao sábio Sócrates:

– Querido amigo, por favor, esclareça-me a respeito do caminho da sabedoria. Estou confuso com tantas opiniões diferentes.

Um sábio de Atenas ensinou-me Filosofia e iniciou-me nas artes espirituais. Mostrou-me o valor das coisas simples da vida. Ensinou-me a apreciar a beleza das flores, o canto dos pássaros, o sorriso das pessoas, os sentimentos da música e o estudo inteligente das capacidades humanas. Fez-me ver a importância de viver e lutar pelos bons princípios.

Aprendi com ele o valor da ação positiva, a participação sadia nas questões humanas e espirituais.

Porém, conheci um andarilho místico, pessoa de grande encanto e cordialidade, com quem estudei durante algum tempo. Ensinou-me que toda ação é transitória, pois tudo segue o curso da evolução naturalmente. Explicou-me que as ações externas não são muito importantes. Disse-me que a viagem pelo interior de nós mesmos é a mais importante.

Aprendi com ele que tudo é relativo e que nossas ações podem ser fruto de nossas ilusões sensoriais.

Caro Sócrates, um mestre estimulou-me a agir no mundo e o outro a desligar-me das coisas exteriores e seguir um caminho puramente espiritual.

Qual dos dois tem razão? Qual é o melhor caminho, o exterior ou o interior?

O sábio grego estava sentado ao lado de Apolodoro. Calado, levantou-se e colheu uma flor de um jardim próximo. Inspirado, começou a rir e a conversar com a flor.

Disse-lhe: "Minha pequena amiga, o que acha da pergunta de Fédon? Ele deve ir para dentro ou para fora? Tenho certeza de que você sabe a resposta. As potências divinas devem ter inserido no desabrochar de suas pétalas a sabedoria da natureza. Ensine-me o que o céu, o sol, a lua, as estrelas, a terra, a chuva e a luz divina lhe ensinaram. Revele-me a sabedoria de sua simplicidade, terna amiga flor."

Sócrates encostou suavemente a flor em seu peito e fechou os olhos. De alguma maneira por ele conhecida, fez um acoplamento áurico de seu chacra do coração com a aura da flor. Ficou em sintonia com ela por vários minutos.

Enquanto isso, Fédon e Apolodoro observavam o desenrolar daquela cena inesquecível: o maior sábio da Grécia consultando uma flor.

Quando Sócrates abriu os olhos, havia um brilho maravilhoso em seu semblante. Sentou-se no chão e começou a rir novamente. Chamou os dois discípulos para se sentar com ele e disse-lhes:

– Essa flor tem mais sabedoria do que todos os livros de Filosofia do mundo.

Disse-me que o sol brilha tanto porque tem uma luz invisível inspirando-o em seu núcleo.

Contou-me que cada elemento da natureza lhe serve de referência em seu aprendizado.

Aprendeu, com a terra, a firmeza; com a luz da lua, a suavidade; com a chuva, a adaptabilidade ao meio; com o céu, a amplitude dos horizontes.

Dentro de si mesma aprendeu a meditar, ponderar e fluir com os ciclos da natureza.

Dentro de seu equilíbrio interior, seguiu o fluxo de sua própria natureza e desabrochou para o mundo sua beleza, sua cor e seu perfume.

Falando de Espiritualidade

Não seguiu caminho algum, de dentro ou de fora. Apenas expandiu-se em sua própria essência. Ela apenas vive e cumpre sua missão na vida: "ser uma maravilha da natureza e foco de inspiração para sábios, místicos, poetas, músicos, artistas e pessoas de coração aberto".

Meus caros Fédon e Apolodoro, o caminho da sabedoria é o caminho da flor.

É apenas SER!

A luz invisível que ensinou essa flor é a mesma que está dentro e fora de nós. Se viajarmos para dentro, encontraremos essa luz em nosso coração. Se viajarmos para fora, a encontraremos nos outros corações e no coração da própria vida.

Foi isso que a flor me disse: "A luz divina está em tudo!"

Caminhos interiores ou exteriores, são apenas caminhos da luz.

Alegrem-se; a sabedoria é um caminho sem fronteiras!

Vivam, meus amigos, e prestem mais atenção nas flores.

Cada uma delas tem beleza, cor, perfume e sabedoria.

Diálogos - IV

Que ser humano que pode afirmar: "Eu sou uma autoridade em amor?"

Quem tem autoridade para dizer isso é só o próprio amor, do qual o ser humano é apenas um veículo. Ele é a causa. A existência é seu efeito correspondente.

Feliz é aquele que é UNO com o AMOR MAIOR QUE GOVERNA A EXISTÊNCIA!

Os passos do homem justo são guiados pelo discernimento e pela compaixão. Em seu coração brilha um Sol de amor. Em sua inteligência há uma grande alegria pela oportunidade de aprender. Não há mediocridades em seu íntimo.

Ele adora rir.

Sabe que não sabe tudo. Por isso, sua mente e seu coração estão abertos ao fluxo da vida em todas as dimensões.

Ele está no mundo, mas não pertence ao mundo!

Não obstante sua sabedoria, há sempre uma expressão de simplicidade em sua manifestação. Ele segue a senda do Bem, pois vê a Luz do Todo brilhando na alma de cada ser.

Ele sabe que o Todo está em tudo!

O homem justo sempre agradece ao Todo por tudo!

Ele ri e diz: "Não sou autoridade em amor; sou apenas filho dele!"

(Com esse homem aprendi que há mais sabedoria em uma flor do que na mente dos homens arrogantes. Esse "homem-luz" é o sábio Sócrates. Este texto é dedicado a ele.)

Falando de Espiritualidade

Diálogos - V

Na montanha Kun-Lung, na Ásia Central, existe um templo extrafísico taoísta. Ali vivem os mestres e imortais do Tao, os "Hsien-Tao".* Eles estudam, meditam e praticam os ensinamentos milenares dos mestres Huang-Ti, o "Imperador Amarelo"; Lao-Tzé; Chuang-Tzu; Lie-Tao; Lie-Tzu e dos "Hsien-Tao" de todos os tempos.

Há entre eles um sábio muito querido, chamado Zi-Fang. Ocasionalmente, ele recebe projetores** taoístas para entrevistas extrafísicas. Dependendo das características do projetor, esse mestre usa abordagens diferentes para passar seus ensinamentos. Às vezes, ele é duro; outras vezes, terno. Sua presença irradia sabedoria e bom humor. Sua expressão é simpática e cativante, seus olhos são puro brilho sereno e muitos projetores conhecem-no como o "velho-moço".

Ele ri com o olhar e parece perceber várias dimensões ao mesmo tempo. É simples e adora a natureza.

Eis aqui alguns dos seus diálogos com projetores ligados a essa atmosfera taoísta:

Lu-Chang, cheio de entusiasmo místico, perguntou a Zi-Fang:

– Mestre, ensine-me a manipular o Chi. Quero conquistar a sabedoria do TAO.

– Para perceber a ação sutil do TAO nos nove mundos siderais, ensino-lhe a técnica dos três passos:

Estude mais e nunca se apegue aos conhecimentos adquiridos. Ame a tudo e a todos incondicionalmente. Manipule o Chi e envie-o

---

* Hsien-Tao (do chinês): "Os imortais do Taoísmo"; "Santos taoístas"; "Mestres taoístas que transcenderam a roda do nascimento e da morte". Trata-se de mestres na manipulação do Chi (força vital, energia) e admiradores do Tao ("O Caminho"; "O Todo"; "O Absoluto"; "O Inominável, Incognoscível e Incomensurável Princípio").
** Viajantes astrais.

Wagner Borges

invisivelmente em todas as direções, principalmente para aqueles que estão doentes da consciência.

E o mais importante, nunca faça perguntas idiotas ao mestre Zi-Fang!

* * *

Huang-Li perguntou a Zi-Fang:

– Mestre, quem é melhor mestre espiritual: Jesus, Buda, Confúcio, Krishna, Mahavira, Lao-Tzé ou Nanak?

– Todos eles ensinaram coisas maravilhosas. Mas parece-me que você não está interessado em aprender o que cada um deles ensinou. Você parece mais interessado em fazer um campeonato de mestres para saber quem é o primeiro colocado. Sua pergunta denota mais um misticismo infantil do que a vontade de aprender os valores espirituais elevados.

Não sei quem é o maior dos mestres, mas sei que qualquer um deles é melhor do que eu e você! Portanto, concentre-se em quem você quiser. Se que o alvo de sua evocação for melhor que você, já está bom.

* * *

Ming-Li perguntou a Zi-Fang:

– Senhor, como encontrar um grande amor?

– Meiga menina, você é muito jovem e sonhadora. Não há fórmula para tal coisa. O que posso dizer-lhe é o seguinte:

Não se encontra o amor. Ele é que a encontra e encanta! Não existem grandes amores (e nem pequenos ou médios). Amor não tem tamanho. Apenas é ou não é! Amor é amor. Não tem muita explicação mesmo.

Quando o amor surgir, e isso não tem hora, seu coração a avisará!

Minha querida, enquanto seu amor não chega, vamos tomar

Falando de Espiritualidade

uma xícara de chá e meditar no amor supremo. Você me lembra a deusa Kwan Yin. Venha, vou contar-lhe algumas de suas histórias miraculosas, e como certa vez a simples concentração no seu santo nome* salvou o mestre Zi-Fang de grande perigo.

* * *

Chung, jardineiro de um templo, perguntou ao mestre:

– Senhor, não quero tomar seu precioso tempo, mas poderia, por favor, ensinar-me algum exercício de concentração? É que meus pensamentos e sentimentos são muito desordenados, parecem animais enlouquecidos. Não tenho nenhuma pretensão de ser iniciado. É que, do jeito que estou, não consigo perceber o TAO das flores e dos jardins. Perdi a capacidade de ver o sorriso da natureza e as ondas do Chi mesclando-se aos elementos. Ensine-me alguma prática para que eu melhore a percepção e veja o TAO em tudo!"

Zi-Fang riu e disse:

– Chung, você é mais esperto do que os outros. Os jardins e as flores ensinaram muito a você. Seu pedido é sincero e desprovido de arrogância. Por isso, ensinarei a você um mantra de ativação do chacra frontal. Isso melhorará suas percepções e trará mais estabilidade emocional e confiança. Apenas concentre-se mentalmente, de olhos fechados, por alguns minutos, no mantra BO-YANG. Vibre esse mantra no centro da sua mente, irradiando luz branca do centro frontal interno. Faça isso todo dia durante alguns meses.

Esse mantra é um dos nomes secretos de Lao-Tzé. Ajuda a concentração e aumenta a confiança da pessoa. Fortalece o espírito e dignifica o pensamento.

Agora, vá! As flores estão chamando.

---

* O nome de Kwan Yin evocado como mantra é "Kuan Shi Yin". Experimente vibrá-lo suavemente dentro do chacra do coração para apaziguar as emoções e ter e inspirações benfazejas.

Diálogos - VI

Certa vez, o maharishi Pulastya disse a Sukadeva, filho de Vyasa:

– Você é filho de um dos maiores sábios da Índia. Como tal, é o herdeiro natural de seus ensinamentos. Por esse motivo, você percorrerá o mundo dialogando com os sábios de todas as eras, dentro e fora do corpo. Somará com eles muitos conhecimentos e viajarão juntos na luz. Dessa sat-sanga* jorrará o sagrado conhecimento espiritual para muitos buscadores da suprema verdade.

Você levará a tocha do discernimento acesa às cavernas dos corações trevosos e os guiará nas trilhas da regeneração.

Você caminhará por muitas vidas em meio a multidões de sofredores, físicos e extrafísicos.

Você sentirá a dor deles e será assediado por seus sofrimentos. Mas você estará acompanhado pela luz de Brahman em seu peito.

Você portará nas mãos a lanterna da sabedoria de Vyasa e o amor de Krishna no coração.

As multidões não o reconhecerão. Apenas serão atraídas inconscientemente por suas vibrações sáttvicas**.

Só os sábios e os discípulos de seu pai saberão quem você é!...

Ao longo do tempo, você os encontrará, com corpos e expressões diferentes; mas, no momento apropriado, vocês estarão em sintonia.

Viajarão na mesma missão! Serão canais conscientes da luz de Brahman.

Espalharão sementes de bem-aventurança no caminho de todos.

Seu pai incumbiu-me de intuí-lo em sua tarefa.

---

* Sat-sanga (do sânscrito): sat significa ser; sanga significa companhia; ou seja, "andar na companhia dos sábios e santos, comungando com sua sabedoria".
** Sáttvicas (do sânscrito): equilibradas.

Falando de Espiritualidade

Você não notará a minha presença, mas eu estarei presente sutilmente dentro do seu lótus das mil pétalas (chacra do coração). Serei o provedor de suas conexões virtuosas.

Você vestirá muitos corpos e percorrerá muitas terras. Usará indumentárias comuns e linguagem abrangente. Mas suas palavras serão sagradas, pois elas têm o selo da sabedoria de Vyasa, e sua aura será um sol de bênçãos invisíveis.

Você será nutrido por forças espirituais silenciosas. Estará consciente dessas influências invisíveis, mas não poderá percebê-las em sua total extensão. Enfaixado na carne, você só perceberá o que for necessário à sua missão.

Em alguns momentos, você tomará consciência da magnitude interdimensional e se lembrará da fonte sutil que anima trilhões de sóis só com um pensamento. Porém, você não poderá vivenciar por muito tempo essa percepção, pois os sofredores o estarão assediando em busca de seu amor e luz.

E você caminhará sob a inspiração dos maharishis.

Agora vá! Encante o mundo com sua simplicidade e abençoe os sofredores de todos os caminhos.

E assim, Sukadeva, o filho do glorioso Vyasa, vem vivendo entre os homens de todos os tipos.

Para sorte do mundo, ele está descendo aos níveis da Terra mais uma vez. Será novamente filho de pessoas comuns e andará iluminando os pobres de espírito, seguindo a orientação de seu mentor Pulastya.

Todavia, ainda será o filho de Vyasa e pupilo de Krishna. Só os discípulos de seu pai, irmãos de sua alma e de ideais, o reconhecerão e escreverão sobre sua saga luminosa. Eles é que dirão:

"Suka, que bom que você está chegando! Você é uma estrela que vem brilhar na alma do mundo. Nós saudamos a sua chegada, como seu pai nos ensinou: OM TAT SAT!"

Diálogos - VII

O sábio Rama disse a um de seus devotos que estava triste:

– Liberte-se das entranhas do passado. Olhe acima de seus interesses mesquinhos e veja quanta luz. Você é parte dela. Sempre foi e sempre será!

Seu destino é glorioso, pois você faz parte de um sonho de Deus: de vê-lo assumir sua luz magistralmente.

Rasgue os envoltórios do medo e assuma a sua condição luminosa. Olhe: o passado deixou suas marcas, mas isso já acabou e Deus está sorrindo agora em meio às estrelas e seres dessa imensa criação.

Um ovo dourado, cheio de vida, surgiu bem no centro do lótus do seu coração. Você percebe seu brilho?

Bilhões de mestres espirituais estão sorrindo nas luzes de seus sentimentos. Você está sorrindo também?

Sabe, meu amigo, você está cheio da Luz Divina.

Que tal desprender-se desse mar de mágoas que tanto obscurece seus potenciais?

Olhe o sorriso Divino em meio às pétalas do lótus de seu coração. Olhe lá: o ovo partiu-se e de dentro dele surgiu a ave do samadhi. Voe com ela, além das estrelas, em meio ao sorriso de Deus!

OM TAT SAT!

Falando de Espiritualidade

Diálogos - VIII

Certa vez, um discípulo perguntou ao sábio Narada:

– Mestre, como vencer o ego e seus tormentosos agentes da dor?

O sábio sorriu e olhou-o generosamente. Seus olhos brilharam com a inspiração divina. Parecia que as estrelas estavam em seus olhos e miríades de dimensões dançando em seu sorriso. Com admiração, ele disse:

– Siga com Krishna no coração, meu amigo. Ele o ajudará na dissolução de suas dores e desarmonias. Quando aparecer no centro do seu olho espiritual, Ele lhe dirá: "Venha!". Então, siga com Ele.

Observando que o discípulo continuava olhando-o, sem entender a mensagem, o sábio lhe disse:

– Meu filho, o corpo é uma jaula. Dentro dela, no seio da sua alma, mora um tigre feroz. Ele é o ego! Você está todo ferido, cheio de dentadas e severos arranhões. Você e o tigre são prisioneiros da mesma ilusão. Vocês estão acorrentados pela ignorância.

Mas alguém viu o seu sofrimento e veio ajudá-lo. É Krishna! Ele abre a porta da jaula, parte as correntes, desaparece com o tigre e somente sorri para você. Ele diz:

– Venha! Vamos entrar na consciência cósmica e viajar nas trilhas do amor sem dramas.

Narada olhou para o discípulo e perguntou-lhe:

– Compreendeu? Então, vá.

Capítulo II

Luz

Falando de Espiritualidade

Uma Luzinha no Coração, *Forever*!

No silêncio sereno de um sentimento, surgiu uma pequena luz. Ela entrou no meu coração e começou a brincar. Fui tomado por uma alegria de criança e bailei dentro de mim mesmo.

Senti que aquela pequena luz-criança afagava-me ternamente. Uma onda de amor possuiu-me por inteiro. Comecei a rir, pois a luzinha havia transformado meu coração em um salão de festa consciencial e em toques de amor. Ela sussurrou em minha alma:

"Além, muito além dos cinco sentidos, mas bem junto do coração, há um amor que dissipa qualquer drama e faz rir. É semelhante à criança que abraça inocentemente. É só sorriso. É pureza tão simples; nada pede, só afaga o coração. É ele que anima a festa da poesia, a alma do artista e a canção do trovador. Ele é a inspiração da prece sincera, da meditação perene e da Espiritualidade. Ele é o motivo de toda ação benigna e está juntinho do coração. É a coisa mais importante da vida, mas parece uma criança. Ele não entende de drama, só quer abraçar o coração. Ele não entende de medo, só quer dançar com a alma. Ele nada sabe de vingança, só quer beijar. Ele abraça, beija, ri e dança... além dos cinco sentidos, bem juntinho do coração e nas dobras sutis da alma".

Sentindo aquela luzinha em mim, pensei nas dores psíquicas daqueles que carregam trevas em seus anseios. Pensei naqueles que sofrem as dores do vazio da consciência e que perderam a capacidade de sorrir e de amar.

Será que eles não sentem uma luzinha afagando-os no silêncio? Não percebem um abraço de criança no coração?

Talvez eles tenham anestesiado o amor e apagado suas esperanças, por causa de alguma perda ou decepção.

Mas, a luzinha está neles também!

Uma criancinha-amor dedilha as cordas espirituais de seu coração, uma música feliz, pura e simples. Ela os guiará e dissipará seus dramas e medos, além do tempo.

Uma luzinha está aqui comigo, além dos meus sentidos. Não posso vê-la ou tocá-la, mas ela me toca profundamente.

Sei que a vida está difícil para todos e que aqui em São Paulo, onde moro, há uma atmosfera cinzenta de violência e miséria. Contudo, essa luzinha não me permite ficar cinzento por dentro.

Não posso arrumar emprego para milhões de pessoas e nem tenho poder para liqüidar com a miséria e com a violência dos homens. Mas posso projetar palavras luminosas por inspiração de uma luzinha.

Quem sabe, outras pessoas possam sentir um abraço de criança também? E, talvez, dentro delas, uma luzinha possa dançar e inspirar algo melhor?

Luzinha querida, muito obrigado por estar aqui. Não posso vê-la ou tocá-la, mas danço com você nos salões do coração.

Sinto o seu abraço espiritual e lembro-me de Jesus:

"Vinde a mim as criancinhas..."

Acho que era de você que ele estava falando.

Além, muito além... uma luzinha no coração, *forever*!

*(Enquanto eu escrevia, rolava aqui no som a maravilhosa música "Sri Krishna Caitanya", do CD de mantras de Llam Chester: **Bhakti – Devocional Chants From India**; Gravadora Alcione – EUA.)*

(Estes escritos são dedicados às pessoas que ainda se lembram de agradecer ao TODO por tudo! E aos pais, que ainda se rendem à magia de ver o brilho nos olhos de seus filhos-estrelinhas com amor incondicional, além dos sentidos, com lágrimas de admiração pela vida e agradecimento verdadeiro.)

Falando de Espiritualidade

Obrigado, Luz!

Recebemos mais presentes da vida do que podemos perceber.

Ontem, estava um frio de lascar aqui em São Paulo. Hoje, ainda está frio, mas o sol deu o ar de sua graça e está enchendo de brilho este dia.

Fico pensando nessa bola de fogo fantástica e na vida que ela derrama no planeta. É apenas uma estrela de quinta grandeza, mas é tudo para quem vive na Terra.

Enquanto espero a chegada do meu editor, com as provas finais da edição de um livro para fazermos a revisão final, maravilho-me com a luz do sol. Cada raio de sol transporta muitos presentes brilhantes. Transporta vida e atividade.

Olho a luz e agradeço suas bênçãos.

Se apenas uma estrela como o sol é capaz de fazer essa maravilha em mim, o que fará aquela LUZ MAIOR invisível, que é a causa da vida de todos, inclusive dos zilhões de sóis espalhados na imensidão sideral?

E o que dizer daquela LUZ MAIOR, dentro de mim mesmo, que é a causa dos zilhões de estrelas espalhadas pela imensidão do meu espaço consciencial?

Oh, magnífica luz dos sóis, do espaço sideral, do meu coração e da essência da própria vida! Há muitos presentes luminosos viajando em cada raio, dentro e fora de nós, maravilhando quem é consciente da dádiva da luz.

Como ensinava o mestre Mikael Aïvanhov, cada raio de sol é como um vagãozinho cheio de presentes luminosos para o mundo. É a assinatura da vida em forma de brilho!

Ele também dizia que há seres sutis no plano espiritual do sol.

41

Falava de entidades celestes, anjos de luz, encarregados de disseminar a vitalidade e de patrocinar a evolução dos seres sob o seu raio de ação.

Será que esses anjos solares resolveram deslizar nos raios de sol e estão fazendo uma visita invisível por aqui?

Será que eles são o motivo dessa alegria que sinto ao admirar-me com a luz do sol?

E esse brilho nos olhos e essa vontade de escrever e dizer à pessoas que há presentes nos raios de sol, fora e dentro de nós?

Estou aqui olhando a luz do sol pela janela e ouvindo músicas que me dão grande prazer, enquanto aguardo a hora de trabalhar.

Sinto-me agraciado por poder desfrutar de coisas sobre as quais a maioria das pessoas passa por cima sem notar, como a riqueza de sentir a luz dentro e fora de mim e a música viajando pelo meu ser inteiro.

Agradeço, agradeço, agradeço... e descubro que a expressão "OBRIGADO, LUZ" é um mantra que me faz sorrir e quebrar o ego bem no meio.

Lembro-me da minha amiga Naná e começo a rir.

Se ela estivesse aqui agora, estaria maravilhada com a luz do sol e com a atmosfera espiritual aqui do meu apartamento, mas estaria reclamando dos solos de guitarra das músicas que estou ouvindo. Ela diria: "Não sei como você consegue prestar atenção e fazer um trabalho espiritual ouvindo essas músicas!"

Mas ela não sabe de um segredo: os anjos solares adoram solos de guitarra permeados de teclados virtuosos, baixo e bateria integrados na base do som, formando uma tapeçaria sonora por onde viaja a voz em canções incríveis. É por isso que eles deslizam nos raios de sol e vêm cheios de alegria maravilhar-me com seus presentes sutis.

Falando de Espiritualidade

Luz, música e anjos solares... dentro e fora... fazendo-me repetir o mantra: "OBRIGADO, LUZ!"

* * *

Quando alguém me pergunta: "Wagner, você acredita em vida após a morte?", minha resposta é sempre a seguinte: "Não acredito, tenho certeza! Sou imortal e não preciso de crença alguma para sustentar a certeza que já trago dentro de mim mesmo". Por isso, não consigo ter medo de catástrofes ou de algum julgamento celeste.

Já aprendi que paraíso e inferno são estados de consciência internos que cada um carrega dentro de si mesmo. O paraíso e o inferno são portáteis, seguem com a pessoa por onde ela for, aqui na Terra, em outros orbes e além da carne...

Como escrever sobre algum fim, se sei que nada tem fim? Como falar de coisas mórbidas, se aqui dentro do coração há zilhões de raios cheios de presentes? Como disseminar temas obscuros, se aqui está lotado de anjos solares escutando rock progressivo?

A humanidade é complicada? Sim. A vida na Terra é difícil? Sim. Mas, dentro de cada um está a maravilhosa capacidade de reação perante as provas do caminho. Há zilhões de sóis luzindo dentro e fora de todos nós.

Podemos ser melhores, podemos falar de luzes, mesmo em meio às trevas que nos cercam.

Se a situação momentânea é obscura, que pelo menos não sejamos trevosos dentro de nós.

Se perdermos a capacidade de sonhar com um mundo melhor e de realizar o paraíso aqui mesmo, de nada adiantará termos vindo viver aqui.

Como consciência espiritual ocupando um corpo por um tempo aqui no planeta, sei que minha tarefa não é a de regenerar o mundo,

Wagner Borges

mas a de fazer o melhor que eu puder dentro do contexto que a vida me apresentar.

Não sou mestre e nem censor da conduta alheia, sou aprendiz da vida. Não sou especial para ser resgatado por seres espaciais, apenas nossos irmãos de outros lugares, filhos da mesma LUZ. Sou só mais um no planeta.

Quando nasci, não foi feriado no universo. Quando eu desencarnar, também não será.

Sou só mais um aprendiz nas lidas da Terra, planetinha azul ao qual agradeço por hospedar-me por mais um tempo intrafísico.

Talvez, um dia, Deus decrete um feriado especial no universo. Será quando a Naná disser: "Wagner, adorei essas guitarras, grava para mim?"

Até lá, ainda prefiro escrever sobre a LUZ, mesmo em meio às dificuldades diárias.

Que os pessimistas me desculpem, mas aqui não há espaço para misérias conscienciais e nem para dramas.

Com esses anjos solares por aqui e essas guitarras incríveis, quem poderá falar de climas ruins?

Se alguém um dia me disser que o mundo acabará em uma hora e isso for verdade mesmo, ainda assim escreverei um tema falando da LUZ no tempo que restar. Desencarnarei dizendo: "OBRIGADO, LUZ!"

E viverei nos planos extrafísicos sempre falando do dia em que os anjos solares vieram escutar um rock progressivo aqui comigo e me ensinaram como os raios de sol carregam presentes, dentro e fora de todos os seres.

No fim destes escritos, quero deixar um recado para as pessoas que estão sofrendo, seja por causas físicas ou psíquicas:

Falando de Espiritualidade

"HÁ UM SOL DENTRO DE VOCÊS! PENSEM NISSO.

A LUZ MAIOR QUE FAZ ZILHÕES DE SÓIS BRILHA-REM É A MESMA QUE ESTÁ DENTRO DE VOCÊS.

CONFIEM NESSA LUZ! É A ESSÊNCIA DE VOCÊS. NO CASO DE VOCÊS OU DE ALGUÉM QUE VOCÊS AMAM PARTIR PARA O LADO DE LÁ, NADA DE DRAMAS.

DESLIZEM NOS RAIOS DE SOL E VÃO ESCUTAR MÚSICAS INCRÍVEIS COM OS ANJOS SOLARES.

SAIBAM DE UMA VERDADE QUE NÃO É RELATIVA:

SEUS PENSAMENTOS E SEUS SENTIMENTOS TÊM MUITO MAIS FORÇA DO QUE VOCÊS IMAGINAM."

* * *

(Estes escritos são dedicados ao mestre Mikael Aïvanhov, a Thaís, minha companheira que também está aqui, e a Naná, esperando que os anjos solares possam inspirá-la a apreciar as guitarras um dia, quem sabe em alguma vida futura...)

*Enquanto eu escrevia, rolava aqui no som um excelente disco da banda de rock progressivo polonesa COLLAGE. É o CD **Moonshine** (Gravadora: Metal Mind Productions – 1994 – Série: MMPCD 0021 – Importado), maravilhoso trabalho de guitarras e teclados, bastante parecido com o trabalho da banda inglesa PALLAS.*

OBS: Peço desculpas às pessoas pessimistas por insistir em escrever sobre temas luminosos. É que não sei escrever sobre fim dos tempos, catástrofes, punição espiritual, resgates extraterrestres de grupos egoístas ou temas que diminuam a capacidade humana de regenerar-se e tocar a bola para a frente a favor de uma nova humanidade mais consciente e alegre. Sou espiritualista e sei que não morro nunca.

Heróis

Olá, amigos!

Ainda agora, enviei um *e-mail* para uma pessoa que está muito triste. Escrevi para ela o seguinte:

"Só o fato de você estar no mundo encarnado num corpo denso e sofrendo uma série de pressões do meio ambiente e das situações de vida em geral, já torna sua vinda a este mundo uma prova de coragem.

O fato de sair das dimensões sutis para viver a experiência na carne é um evento forte.

Só o fato de vir para cá já torna alguém um herói. Viver aqui nunca foi fácil!

Independentemente do seu estado interior, a vida segue e não é moleza atravessar esse mar turbulento da existência na Terra.

Com a sua tristeza, a travessia fica muito mais pesada e você se arrisca a naufragar, não somente no mar da vida, mas também nas ondas de sua própria dor.

Entre no veleiro do discernimento e navegue com alegria. Direcione o seu curso para o porto de Brahman* na linha do horizonte de seu coração.

Seu *e-mail* destila muita tristeza e falta de confiança em si mesma. Serei bem direto com você!

Seu coração está miserável! Você não reage e ainda espera que alguém lhe diga o que fazer.

Sabe qual deve ser o verdadeiro motivo para você sair dessa lama interior?

É simples! Ser miserável por dentro dói muito.

---

* Brahman (do sânscrito): O TODO; O Grande Arquiteto do Universo; Deus; Jeová; Papai do Céu; O Absoluto; A Causa sem Causa.

Falando de Espiritualidade

Quem gosta de ficar trevoso por dentro?

Logo, o motivo para sair disso é a própria existência disso em você. Não aceite que seu coração torne-se um cemitério de lembranças atormentadas. Exorcize os fantasmas de seus dramas e motive-se para a vida. Sei que é mais fácil falar do que fazer, mas você não tem escolha.

Ou melhora ou continua miserável!

Ou continua engolindo esse lixo emocional ou dá uma espanada nessa tristeza e reage de modo sadio às diversas situações que a vida lhe apresenta.

Lembre-se sempre: "Quem desce à Terra para encarar a vida já é herói só por isso".

Logo depois, recebi o texto "Guerreiros do Sol" da minha amiga Rosângela Palermo. É justamente um complemento excelente ao que escrevi antes.

Guerreiros do Sol

Somos imortais!

Por que inventamos os monstros e os heróis?! Somos todos eles!

Desperte o herói de dentro de você, arme-se com amor e luz, e lute contra seus monstros: o ego, o orgulho, a vaidade, o egoísmo...; pois a vida segue seu fluxo normal, e para viver em harmonia temos que ser guerreiros do Sol...

Nossa espada é o poder mental. Temos poder sobre ela, sobre nossas vidas, nossos destinos. Criamos o nosso fluxo através da sintonia, do pensamento...

A semente, a espada, já estava conosco quando ainda éramos apenas um ponto, já éramos guerreiros!

Vá à luta! Cresça, transforme as energias, crie, recrie e o mundo se abrirá para você!

Você sente a movimentação nos céus?! Os Devas* e os Elementais estão ao seu lado sempre, deslizando na sintonia do seu pensamento...

Seja um guerreiro do Sol! Sua vida, o mundo e os céus estão em suas mãos. Abrace-os, sorria e seja feliz... Acorde, desperte! Brahman vive em você!

Somos heróis!...

– Rosângela Palermo –

* * *

Acredito que esses escritos possam ser úteis a todos. Quem sabe os dramas que se escondem nos corações?

Quem sabe quantos heróis estão adormecidos esperando as trombetas da vida tocarem, na grande convocação que os despertará da inércia consciencial?

Quem sabe aqui, bem próximos, existam heróis inertes, prisioneiros de seus dramas, presas fáceis de suas misérias íntimas, sentindo-se fracos e oprimidos, verdadeiros gigantes da consciência portando-se como anões acovardados?

Quem sabe o que vai nos corações?

Concluindo estes escritos, meus amigos, repito a vocês o que disse à moça triste:

"LEMBRE-SE SEMPRE: QUEM DESCE À TERRA PARA ENCARAR A VIDA, JÁ É HERÓI SÓ POR ISSO!"

A todos vocês, PAZ E LUZ!

(Agradeço a Rosângela por permitir a reprodução de mais um de seus textos inspirados.)

* Devas (do Sânscrito): "Divindades";"Anjos";"Seres Divinos".

Falando de Espiritualidade

Doce Canto de Amor

Passarinho, passarinho,
Cante quantos universos cantam em sua canção!
Sob a luz do sol, em cima dos galhos da árvore Bo,
você viu o florescimento de um Buda.
Cante o que você sentiu!
Inúmeras aves estão voando agora,
mas você só quer cantar.
Você lembra aquela primavera,
quando o Nazareno viajou por aqui?
Seu canto ficou mais doce!
Um dia, na luz da aurora,
o menino Krishna veio brincar aqui também.
Lembra que um amor fez o seu canto ficar azul?
Passarinho, passarinho,
Quantos universos há no seu canto?
Quem inspira o seu cantar?
Quem entende esse canto da verdade,
azul e doce de sabedoria,
cheio do amor de Buda, de Jesus e de Krishna
viajando com você?
Você lembra quem criou o seu canto?
Lembra quando o raio da vida cingiu seu peito e ordenou-lhe:
"Vá e cante!"?
Passarinho, passarinho,
Quantos universos cantam no seu canto?
E por que esse canto, que inspira outros cantos no coração dos homens?
Em todos os tempos e cantos da existência,
um canto sempre encanta
e faz lembrar que Deus canta no coração de cada criatura.

(Esta canção é dedicada aos 47 alunos da segunda fase do curso de Projeciologia, que estavam fazendo um maravilhoso trabalho de energia junto comigo na hora em que o texto surgiu por inspiração e foi transcrito ali mesmo no quadro de aula, captando a atmosfera de amor do momento e deixando-nos cheios de contentamento íntimo e vontade de fazer várias coisas legais.)

Conversando
com um Amigo Extrafísico

Olá, meu amigo! Nós nos comunicamos de coração a coração, na linguagem do amor sem palavras. Que bom vê-lo por aqui!

É por isso que senti um contentamento íntimo ainda pouco, pois você já estava aqui.

Sabe, estou ouvindo um disco do Phillip Chapman* chamado *Return of the Angels.* É puro amor em forma de música! Foi ele que compôs essa maravilha, talvez inspirado pelos anjos da música.

Como a música é dele, não tenho como dedicá-la a você. Mas posso dedicar-lhe o que sinto quando a ouço e meu coração manda-me escrever.

Que bom vê-lo aqui juntinho! Quando eu era criança, você aparecia muito mais.

Agora, tentando ser adulto (sem anular minha criança interior), vejo-o muito menos. Mas sinto a sua presença, inspirando-me.

Enquanto escrevo, meus dedos estão gelados, devido ao frio de julho. No entanto, meu coração está quente, cada vez mais "apaixonado pelo amor!"

Aprendi com você que o pior frio é aquele que mora no coração das pessoas, deixando-as à mercê de manifestações calculistas, porém patéticas.

Além do frio, há muita miséria material, acossando boa parte da humanidade. Contudo, o frio do coração é o verdadeiro causador disso!

---

* Phillip Chapman é um maravilhoso músico inglês (seus discos são da gravadora inglesa New World Music, uma das pioneiras no gênero New Age). Seus trabalhos são sempre calmos, cheios de atmosferas afetivas e espirituais de alto nível. Costumo dizer que suas músicas são amor em forma de ondas sonoras. São excelentes para meditação, práticas espirituais, reuniões espiritualistas, técnicas projetivas e momentos intimistas.

Falando de Espiritualidade

É ele que causa a miséria espiritual do egoísmo. Ele é o pai de toda essa dor!

Meu amigo, a pior miséria é aquela que anestesia os sentimentos e mata a alegria.

Há uma imensa fome espiritual no mundo, uma enorme fome de amor.

Será porque os homens ficaram surdos às inspirações sutis? A humanidade anestesiou o amor e não percebeu?

Você veio do Alto em uma coluna de luz branca e ensinou-me a sempre elevar os pensamentos até o AMOR MAIOR e a abrir o coração a favor de todos.

Ensinou-me a trabalhar no silêncio e a irradiar as energias que tocam as consciências invisivelmente. Inspirou-me a ser simples e alegre. Não sei o seu nome ou de onde vem (e isso pouco importa!), mas sei do seu amor e agradeço-lhe por tudo.

Eu poderia chamá-lo de anjo, deva, amparador, ser de luz ou de qualquer outra coisa. Mas prefiro apenas chamá-lo de "amigo dos olhos brilhantes e do sorriso amoroso".

O disco do Phillip Chapman terminou e já estou em cima da hora para ir à Rádio Mundial fazer o programa "Viagem Espiritual".

Você não quer ir comigo até lá?

Vamos levar essa coluna de luz branca para os ouvintes e enviar ondas de amor pelos microfones da rádio.

Eles não saberão na hora, mas embarcarão em uma onda de amor interdimensional, que levará só coisas boas até as praias de seus corações.

Entre no meu coração e vá escondido.

Enquanto eu falar, encha as palavras de luz! Vamos aquecer os corações sensíveis com PAZ E LUZ! Vamos levar presentes invisíveis aos ouvintes. E, mesmo sem saber, muitos deles saberão intuitivamente.

Vou vestir o casaco e sair para enfrentar o frio da rua até lá. Mas o meu coração está quentinho e minha consciência está cheia de luz, pois você me ensinou a ser simples e alegre.

O inverno está rigoroso, mas não há frio ou fome de amor no coração de quem é guiado por uma coluna de luz branca em seus propósitos.

Vamos juntos, meu amigo, em uma "Viagem Espiritual Mundial". Espiritualidade, música, simplicidade, bom humor e muitos presentes invisíveis, viajando interdimensionalmente a favor de todos!

(Estes escritos são dedicados às pessoas que ainda são capazes de sentir um toque espiritual no coração, mesmo diante de tantas dificuldades e de tanta dor, fome e frio de amor instalados na alma da humanidade. Os olhos dessas pessoas também brilham muito e seus sorrisos viajam por aí, encantando homens e anjos!)

Falando de Espiritualidade

Lições da Natureza
e da Vida que Ri

Pois é, rapaz!

Quem disse que rir não é um evento espiritual?

Você já pensou que a vida pode estar rindo de suas falhas e de suas culpas, considerando tudo isso como coisa de criança?

Talvez a Natureza já tenha tentado ensinar-lhe algumas coisas básicas nesse jogo de viver. Por certo, a chuva já molhou o seu rosto e seus cabelos muitas vezes.

Nessas ocasiões, você percebeu a mensagem que ela lhe passou? Notou que a atmosfera pesada em torno modificou-se?

Pois é, no seu campo emocional é a mesma coisa. Promova uma chuva de luz em si mesmo e lave a atmosfera pesada das culpas e mágoas. LAVE O PASSADO com as águas da sabedoria!

Quando o vento fustigou seu corpo ou quando a brisa afagou-lhe o rosto, você percebeu o ensinamento contido nisso? Notou que o ar em movimento queria lhe dizer que a base da vida é o movimento? Que as coisas passam?

Em sua vida, o que lhe pertence realmente para sempre? Você já aprendeu que há coisas e pessoas que ficam em sua esfera de existência por um tempo, outras por um tempinho e outras mais por um tempão? Mas que tudo passa?

Vida é movimento, é como o vento. Portanto, aproveite cada momento como sendo único na existência. Aprenda algo e sorria com a lição.

Sabe, você nunca mais verá a mesma flor desabrochar novamente.

Como dizia Heráclito, você poderá pisar no mesmo lugar do

Wagner Borges

rio várias vezes, mas nunca mais poderá pisar na mesma água, pois ela já passou em sua viagem para o mar.

Você percebe quantas mensagens a natureza lhe envia no decorrer da vida?

O beijo da luz do sol nas plantinhas, a beleza dos raios da lua refletidos na superfície de um lago plácido ou a pulsação de seu coração ainda são capazes de lhe dar tesão de viver?

Você ainda se emociona com uma canção? Costuma viajar na música? Permite-se sonhar enquanto escuta o som que lhe agrada?

Você já notou o brilho dos olhos de uma criança pequena? Para ela, tudo é novidade. Você ainda é capaz de ter esse brilho em seus olhos? Ou, melhor dizendo, você é capaz de SER esse brilho?

E você ainda se emociona quando vê o brilho dos olhos de seu filho pequeno? Você ainda é capaz de rir como a criança ri?

Antes que você fale de seus dramas e mágoas e justifique alguma coisa, ESQUEÇA!

Estamos falando das mensagens que a natureza envia. Por não captá-las, você permitiu que os dramas fizessem uma festa destrutiva nos salões de seu coração.

Alguém não valorizou o seu amor? Você levou um chute e ficou zonzo? Alguém amado foi "morar no lado de lá" da vida?

Pois é, o vento já havia lhe avisado várias vezes que tudo passa! Há tempo de plantar e tempo de colher.

Há ciclos na natureza, as estações sucedem-se umas às outras. Em nossa vida, há ciclos também.

As ondas de experiência ensinarão os homens a surfar com sabedoria. Porém, preste atenção: há ondinhas, ondonas e até mesmo vagalhões. Tudo depende da circunstância e de como você surfa naquela situação.

Falando de Espiritualidade

Podemos viajar pela vida de várias maneiras: chorando, rindo, babando, batendo, apanhando, veiculando trevas ou com os olhos brilhando de amor e alegria.

Na natureza, nada se perde, nada morre, tudo se transforma! Inclusive você mesmo!

Por isso, não arraste os fantasmas do passado em seu caminho. Livre-se deles, agora mesmo!

Não há momento certo para crescer ou renovar-se. Todo momento é momento de viver!

Arranque qualquer mágoa do coração e faça uma reunião espiritual consigo mesmo: ria pra caramba!

Alguém não o valorizou? E daí? Tudo passa e o rio está correndo para o mar...

Alguém o chutou? Pois é, a plantinha continua o seu jogo da vida com o calor e a luz do sol, mas também precisa de chuva... SACOU?

Alguém que você ama "descascou"? Saiu do corpo definitivamente?

É terrível lutar contra a sensação de perda que devora o coração nessa hora, não é mesmo? Mas você está reagindo e vivendo? Ou paralisou a vida e enterrou-se numa cova dentro de si mesmo, com medo da luz?

Lembre-se da mensagem do irmão vento: TUDO PASSA!

Deixe a chuva molhar o jardim do seu coração. Tudo florescerá novamente!

Não se iluda: esse texto é para você mesmo!

Saudade dói muito. Mas medo de viver dói muito mais!

QUEBRE AS CORRENTES DA DOR AGORA MESMO!

Wagner Borges

E nada de fugir de si mesmo na viagem com o "pó branco". Isso é "viagem na maionese psíquica", e você retornará destruído e com a dor aumentada.

Conviver com a luz e a sombra dentro de nós mesmos é uma luta, não é?

Sei disso por experiência própria. Mas aprendi a lidar com isso e descobri que não sou especial ou espiritual; sou só um ser humano aprendendo um monte de coisas na vida. E sei que a "Dona Vida" está rindo de muitas coisas, minhas e suas, coisas de criança "ralando o joelho" enquanto aprende a andar.

Aliás, nem sei bem o motivo de escrever sobre tudo isso para você; só sei que o rio está correndo para o mar e eu estou aqui com a nítida sensação de que os meus amigos extrafísicos da Cia. do Amor (A Turma dos Poetas em Flor) estão na área e rindo pra caramba!

Na natureza, nada morre, tudo se transforma, incluindo nós todos aqui na Terra, o pessoal que passou para o lado extrafísico da vida, os minerais, os vegetais, os animais, os sábios, os extraterrestres, as coisas... TUDO PASSA!

Enquanto isso, o Grande Arquiteto do Universo, Dono da Vida, fica sorrindo invisivelmente e dizendo para si mesmo:

"ISSO TUDO É ENGRAÇADO PRA CARAMBA!"

(Esses escritos são dedicados àqueles que perderam pessoas amadas, mas que não perderam a capacidade de reação e nem a vontade de continuar aprendendo a arte de viver, de sorrir e seguir em frente...)

*(Enquanto eu escrevia, rolava no som o belo disco **Moonshine**, da banda polonesa Collage, que sempre me faz viajar na aventura de curtir uma música enquanto escrevo.)*

Falando de Espiritualidade

Luz

Há muito tempo, quando meu ego era muito forte e minha lucidez muito fraca, eu me orgulhava de minha voz de comando. Mas o estrondo de um poderoso trovão calou-me. Emudeci diante do som possante da natureza.

Olhava o meu corpo no espelho e dizia: "Como sou forte e garboso!"

Mas a morte veio e me disse: "Devolva o corpo à terra e venha comigo!"

Eu admirava o brilho de minhas idéias e quantas vezes disse: "Sou um gênio!"

Porém, um dia prestei atenção no despontar do sol na linha do horizonte e encantei-me. Aquilo que era brilho, e gênio era o Ser que havia gerado tal luz.

Quantas vezes pensei: "Meus filhos são tão belos!"

Todavia, ao longo da vida, percebi que eles eram mais do que meus filhos. Eram filhos da vida, verdadeiras expressões corporificadas da luz. Eram filhos de um poder incomensurável que apenas os havia emprestado a mim pelo espaço de uma vida.

Muitas vezes, meu coração foi magoado por amores desfeitos e perspectivas tolas. Aí, pensava: "Ai de mim! Como sofro, meu Deus!"

Contudo, uma voz sutil sussurrou em minha consciência:

"Querido, deixe disso! A luz de seu coração nunca fenece. É energia divina vivificando todas as suas manifestações. O brilho do sol, o possante som do trovão, a vida de seus filhos, o corpo e a alma são expressões do mesmo Amor maravilhoso que mora na essência do seu coração. Eleve-se além das profundezas de sua autocomiseração e diga: SOU FILHO DA LUZ!

Wagner Borges

Decepe a cabeça de seu ego na guilhotina do discernimento e caminhe resolutamente na direção das realizações cristalinas do TODO.

Entre na luz do coração e perceba o amor do Todo em tudo.

Filho, siga na luz do Grande Arquiteto do Universo e, sob sua inspiração, erga prédios de luz nas avenidas da vida eterna."

Segui a orientação dessa voz sutil e fui em frente...

Hoje, milhares de anos depois, entre acertos e tropeços reencarnatórios, percebo o ego enfraquecendo e a lucidez aumentando.

Há muito trabalho a fazer e muito a aprender até que esse ego danado seja transmutado em pleno amor incondicional.

Mas, felizmente, já posso dizer uma coisa:

EXISTE UM SOL MARAVILHOSO ACESO DENTRO DO MEU CORAÇÃO. E ELE ESTÁ CHEIO DE AMOR PACÍFICO.

(Este texto é dedicado ao mestre Aïvanhov, o dono daquela voz sutil.)

Capítulo III

Falando de Paz

Falando de Espiritualidade

Espírito da Paz

No espaço profundo da meditação, surge um ser luminoso. Sinto que ele me conhece profundamente. Através do chacra da coroa, ele interpenetra minha cabeça e preenche-me de pura luz-sentimento. Sou tomado por uma paz maravilhosa. Transformo-me em serenidade-plenitude. Sinto-me inundado por cascatas de luz que descem do chacra da coroa até o coração (chacra do coração).

Ternamente, esse ser luminoso diz dentro de mim:

"Meu filho, o amor é a fonte de toda plenitude. Dentro de cada ser há um tesouro sutil guardado dentro da caverna espiritual do coração. Há luz esplendorosa aguardando o despertar da consciência para além das camadas estratificadas do ego.

Volte serenamente sua atenção para o centro do coração. Imagine que ele é de cristal branco transparente. Pense na PAZ! Comunique internamente a todos os seres, de coração a coração, as energias sutis da compaixão. Sinta-se UNO com seus irmãos de evolução, mesmo que eles não saibam disso. Abençoe a si mesmo e a todos! Visualize um céu azul dentro do coração de cristal. Pense na eternidade que está em cada ser.

Meu filho, há uma corrente de luz interligando o centro do coração ao chacra da coroa. Viaje nela com alegria. Nosso amor é o mesmo amor, nossa luz é a mesma do Cristo."

A essa altura, todos os meus chacras estão preenchidos de luz serena. Lágrimas de agradecimento brotam espontaneamente. Sinto que meu coração abraça muitas humanidades em muitos lugares do universo e que o meu chacra da coroa não tem só mil raios, tem trilhões de sóis. Possuído por essa plenitude pacífica, vejo surgir do alto a forma de uma pomba branca. Ela pousa no alto de minha cabeça e fica ali quietinha.

Wagner Borges

O ser luminoso diz novamente:

"Minha criança, a paz do Cristo está em nós. Mentalize sempre essa pomba branca pousada em sua cabeça. Pense continuamente no Bem de todos e siga nas ondas do amor. PAZ, PAZ, PAZ..."

Gentilmente, esse amigo de outras esferas pediu-me para escrever esse relato. Agora, momentos depois de escrever, ainda sinto suas energias aqui no ambiente. E a pomba branca ainda está pousada sobre a minha cabeça. Meu chacra frontal parece um fulcro de luz.

Em uma condição dessas, repleto de riqueza espiritual, só me resta dizer ao ser de luz:

OBRIGADO, QUERIDO!

(Enquanto rolava essa experiência, eu ouvia o excelente disco celta de David Arkenstone **The Celtic Book of Days** *(gravadora Windham Hill; série 01934-11246-2). A música 5 desse disco é maravilhosa.*

Enquanto escrevia o relato, lembrei-me várias vezes de Jesus e de Ramatis.)

Falando de Espiritualidade

Raio Consciencial

Ainda agora, enquanto eu fazia uma prática bioenergética embaixo do chuveiro, um raio cingiu o centro do meu chacra frontal.

Imediatamente, uma série de imagens clarividentes se formou em minha tela mental.

Em fração de segundo, vi muitos rostos. Eram de pessoas de várias raças e idades. Mas todas elas tinham algo em comum: estavam chorando!

Por intuição, eu sabia que essas pessoas estavam lamentando amores perdidos.

A essa altura (eu continuava tomando banho normalmente e escutando um disco de rock progressivo*), percebi um dos amigos extrafísicos no banheiro.

Ele sorriu e disse-me telepaticamente:

"As pessoas choram porque não são correspondidas emocionalmente.

Choram porque o filho foi embora, porque seu amor desencarnou ou seguiu com outra pessoa.

Choram de solidão, de raiva, de impotência, de falta de compreensão ou porque alguma coisa não correu do jeito que elas gostariam que fosse.

Os seres humanos são assim! São escravos emocionais das circunstâncias.

Carecem de um centro de consciência em si mesmos que permitalhes um discernimento capaz de manter a serenidade, mesmo em meio às turbulências inevitáveis do jogo de viver.

---

* Eu estava ouvindo a música *Just a Shadow* do disco *Steeltown*, do grupo escocês Big Country.

Wagner Borges

As pessoas choram por vários motivos, mas quem chora por Deus?

Elas sentem a falta do amor que partiu e justificam a falta de consciência em nome dos parâmetros emocionais que acicatam-lhes os sentidos no momento.

Mas elas não choram assim pela falta do divino em seus corações. Choram pelo ego das emoções.

Contudo, isso é apenas camuflagem sensorial.

Sua grande dor é a falta de luz e espiritualidade em seus caminhos.

Mas elas não choram por isso.

Nem lhes ocorre que suas emoções são transitórias e que transformam-nas em marionetes de misérias interiores de difícil resolução.

Não respeitam a herança divina que mora nelas mesmas.

Rebaixam-se às correntes emocionais daninhas, e por isso ficam pobres, muito pobres de consciência e amor real.

Pois é isso, meu amigo.

As pessoas choram por tudo, menos por Deus; menos pela Luz, que é o verdadeiro amor imperecível.

Quem chorará pela falta do verdadeiro amor no cerne do próprio coração?

Quem chorará de saudade do divino?

Quem chorará por perceber que o coração está miserável?

Quem chorará por não ter o brilho do discernimento nos olhos e nos atos?

Quem chorará por não perceber a imortalidade da consciência?

Falando de Espiritualidade

Quem chorará por não perceber o toque sutil do amor em seus procedimentos?

Quem chorará por Deus?"

Esse amigo extrafísico sorriu e despediu-se com um gesto, desaparecendo logo em seguida.

Tudo isso se passou em poucos minutos.

Saí do banho, enxuguei-me e coloquei novamente o disco que estava ouvindo.

Vim aqui para o computador e digitei as palavras dele, pois eu poderia esquecer se deixasse para depois.

Enquanto digitava, lembrei-me de várias situações da minha vida em que chorei por causa de alguém.

Não me contive e comecei a rir.

Era tudo coisa pequena que eu valorizei demais.

As palavras do amparador extrafísico fazem pensar:

"Quem chorará por Deus?..."

Assistência Radiante

Há cerca de uns dois anos, eu passava de carro junto com uma amiga pela Rua Domingos de Morais (zona sul de São Paulo). Era por volta de 23:50h e a noite estava bastante chuvosa e fria. Eu estava voltando para casa após um curso e minha amiga estava me dando uma carona providencial.

Estávamos conversando, quando fomos surpreendidos por um forte barulho de batida de carro e vidros estilhaçados na pista contrária à que estávamos indo. Olhamos para o outro lado e vislumbramos no meio da chuva dois carros batidos, de onde saía muita fumaça.

Imediatamente, descemos do carro e fomos prestar socorro às vítimas que ainda estavam atordoadas dentro dos veículos. Junto com outras pessoas que também pararam para ajudar, nós retiramos os feridos para fora dos carros. Eram quatro pessoas no total. Estavam bastante ensangüentadas e uma delas tinha cacos de vidro dentro dos olhos.

Minha amiga ligou do celular para um quartel do corpo de bombeiros que ficava perto. Em alguns minutos, surgiu uma viatura de socorro dos bombeiros e ali mesmo no local eles prestaram ajuda aos feridos. Ficamos um pouco afastados olhando aqueles homens trabalharem no meio da chuva.

Desde o comandante da equipe até os soldados, todos demonstraram um alto grau de profissionalismo e atenção para com aqueles feridos, principalmente para com a moça que estava com os cacos de vidro nos olhos (ela estava muito nervosa, naturalmente).

Eu observava a dedicação daqueles homens trabalhando, quando percebi uma atmosfera cor-de-rosa preenchendo o ambiente da rua em volta de todos nós, mas principalmente em volta dos bombeiros. Eram as energias dos amparadores que davam assistência aos bombeiros. Emanações cor-de-rosa são características de vitalidade e amor. Elas estavam ali comprovando aquela máxima espiritualista: "...semelhante atrai semelhante!"

Falando de Espiritualidade

Prestados os primeiros socorros, os bombeiros embarcaram na viatura a moça com o problema nos olhos e uma colega que estava com várias escoriações pelo corpo.

Neste ínterim, passou uma ambulância do Hospital do Jabaquara na pista oposta. Seus integrantes viram a cena do acidente, fizeram um retorno rápido (contrário à direção em que estavam seguindo) e pararam junto a nós.

Desceram da ambulância dois enfermeiros e perguntaram se os bombeiros precisavam de ajuda. Explicaram que estavam voltando para o hospital e poderiam levar os pacientes. Porém, os bombeiros já estavam de partida e preferiram completar o serviço.

Observei os dois enfermeiros. Eram um homem e uma mulher negros, simpáticos, bem fortes, atarracados, na faixa dos 35 anos de idade. Seus olhos brilhavam demais e que maravilhosa simpatia emanava dos dois! Em torno deles, havia uma atmosfera energética branca radiante. E que energia!

Por uma fração de segundo, vislumbrei uma equipe de amparadores que acompanhava invisivelmente esse pessoal em seus trabalhos de assistência. Até a ambulância tinha a mesma aura radiante. A seguir, eles partiram e fiquei observando de longe a ambulância radiante sumir no meio da noite chuvosa. Ao chegar em casa, tomei um banho quente e fiz um lanche. Ainda estava impressionado com as energias daquele pessoal. Nem os bombeiros ou os enfermeiros perceberam, mas os espíritos estavam junto com eles o tempo todo. Eles não haviam feito preces ou evocado ninguém; estavam apenas trabalhando com boa vontade. Por isso, aquelas energias maravilhosas abençoavam seus procedimentos assistenciais.

Resumindo: Tudo é uma questão de sintonia! Nossos pensamentos e sentimentos determinam a qualidade de nossas energias na vida.

(Há pessoas boas trabalhando anonimamente no mundo, física e extrafisicamente. A mídia e as pessoas pessimistas desconhecem seu valor, mas elas estão por aí espalhando sua luz. São pessoas radiantes! E como é bom escrever que elas existem...)

O Recado do Sol

O "captador de mau humor" surgiu diante da pessoa amargurada e disse-lhe:

– Venho trazer-lhe um recado do Sol!

"Alma querida,

Dissolva os venenosos gases da raiva que estão envolvendo seu fígado, estômago e coração.

Liberte-se das emoções pegajosas de outrora. Conscientize-se do momento presente e das amplas possibilidades de crescimento que se apresentam.

O passado se foi e o futuro a espera. Mas o presente está aqui e o brilho é agora! E você está bem no centro desse momento.

Basta visualizar o meu brilho em seus olhos e, mesmo nas trevas profundas, você perceberá a vida pulsando e a esperança chamando para novos tempos.

Deixe de lado os temores e pense em mim como a luz de seus propósitos e o calor de seus sentimentos.

Renove o seu brilho, minha amiga, e expulse as sombras de seu coração.

Encha de novas cores seus pensamentos e abra novas rotas no mapa de sua existência.

Eu a saúdo!"

O "captador de mau humor" terminou de dar o recado do Sol e transformou-se em pura luz.

De sua irradiação surgiu uma onda de energia rosa, amor puro que interpenetrou o peito daquela pessoa e libertou seu coração.

Falando de Espiritualidade

Então, ela percebeu que as ondas cinzentas do passado estavam bloqueando a sua percepção das cores do presente.

Seus olhos brilharam e ela sorriu, livre das dores do passado e do peso da mágoa.

O "captador de mau humor", pura-luz-sorriso, flutuou à sua frente e disse-lhe ternamente:

– O maior presente que o Sol dá às pessoas é o "próprio momento presente", em que elas podem corrigir os desequilíbrios e seguir em frente, sempre evoluindo, rumo à luz espiritual.

Logo a seguir, ele voou de volta para o Sol, pois sua missão estava cumprida.

(Este texto é dedicado ao mestre Omraam Mikhael Aïvanhov, um grande "captador de mau humor" e amante do Sol.)

Uma Chave de Abundância e Esperança

Meus amigos, tenho recebido muitos *e-mails* de pessoas desempregadas pedindo uma explicação do porquê de tantas dificuldades econômicas.

Alguns perguntam se é carma; outros acham que é o apocalipse pelas vias econômicas.

É óbvio que não há como dar uma resposta genérica para uma questão dessa natureza. Cada caso é um caso!

Há situações de causa e efeito em alguns casos; contudo, há muitos casos que são apenas circunstâncias do momento.

Há fatores cármicos que interagem com a vida da pessoa por longo tempo. E há coisas que passam logo, dependendo de como ela reage à situação.

Periodicamente, o mundo passa por crises econômicas de difícil solução rápida. Foi assim na grande depressão econômica causada pela queda da Bolsa de Nova York (1930), na época da Segunda Guerra Mundial (1939-1945) e na década de 1970 (1973-1974), quando os árabes aumentaram absurdamente o preço do petróleo e mergulharam o mundo numa inflação danada. Por essa época, meu pai perdeu o emprego e eu era criança. Minha família passou dificuldades e tive que deixar o colégio por um ano, pois não havia dinheiro para comprar o material escolar para mim e para meus irmãos.

Hoje, com a globalização e outros fatores, passamos novamente por turbulências econômicas de difícil resolução.

É mais um ciclo que passará. Porém, até seu fim haverá muito sofrimento, obviamente.

Falando de Espiritualidade

Este é um mundo regido pela grana e pela ambição das pessoas, infelizmente. Sem emprego, fica tudo difícil.

Já passei por esse sufoco. Em 1983, houve um arrocho econômico da equipe econômica do governo Figueiredo e perdi meu emprego. Fiquei cinco meses desempregado.

Em 1986, por ocasião do plano cruzado do ministro Funaro, novo desemprego, só que dessa vez eu estava casado e com muitas contas a pagar. Dessa feita, amarguei seis meses de sufoco.

Por isso, sei o que as pessoas estão passando. Porém, durante essas crises econômicas, sempre procurei manter a esperança e nunca revoltei-me com a situação. Continuei fazendo minhas práticas espirituais, lendo livros para me esclarecer e buscando aquela sintonia espiritual sadia, sem a qual a vida íntima fica literalmente miserável.

Não coloquei a culpa da situação em ninguém, não xinguei Deus e nem cobrei coisa alguma dos amparadores extrafísicos. Não abandonei minhas responsabilidades espirituais e nem me esqueci de diariamente elevar a consciência silenciosamente ao Poder Maior que Governa a Existência.

Em situações complicadas, é imprescindível manter uma conexão constante com os valores mais elevados, pois eles confortam e ajudam a superar as crises.

Conheço pessoas que, basta a situação apertar, para elas desistirem de qualquer espiritualidade, e ainda colocam a culpa no plano espiritual.

Aí, aplica-se o velho axioma espiritualista: "...SEMELHANTE ATRAI SEMELHANTE!"

Se alguém quiser atrair novas oportunidades, que busque, então, sintonizar-se com as vibrações da esperança, da luz e da positividade, mesmo que tudo pareça estar ruindo. Não é com revoltas íntimas que solucionaremos esses problemas econômicos.

Por isso, como elemento adicional (o principal elemento é você continuar batalhando por um emprego) de ajuda para abrir as portas do progresso, sugiro a seguinte prática diária (bastam alguns minutos):

– Eleve os pensamentos e sentimentos ao Grande Arquiteto do Universo, com sinceridade e sem nenhuma ganância ou arrogância.

– Leve a atenção para a parte interna do seu coração, região do chacra do coração, sede da essência espiritual interior (atman).

– Concentre-se mentalmente no mantra "SHRIM" dentro do seu coração luminoso. É só repetir calmamente o mantra no interior da região peitoral.

Faça isso com modéstia e real vontade de que tudo melhorará.

SHRIM é um bija-mantra* de evocação da Mãe Divina em seu aspecto LAKSHMI** (a mãe da abundância e da prosperidade).

Faça isso sem segundas intenções, sem chantagens emocionais ou apelos egoístas ao plano espiritual. A Espiritualidade Superior não é conectada por meio das misérias emocionais das pessoas. Tudo é uma questão de SINTONIA.

Por favor, tenha paciência nisso.

O mantra não arranja emprego para ninguém. É apenas uma maneira adicional de tentar melhorar a conexão com as energias da prosperidade e da abundância dentro de você mesmo. O efeito é que isso pode atrair novas possibilidades e abrir os seus caminhos na vida.

Por favor, leia livros que elevem sua consciência e ouça músicas que melhorem seu clima íntimo.

---

* Bija-mantra (do sânscrito): Mantra-semente; núcleo vibracional de um mantra.
** Lakshmi (do sânscrito): Deusa da abundância e da prosperidade; esposa de Vishnu, o segundo aspecto da trimurti hindu (1. Brahma; 2. Vishnu; 3. Shiva); a Mãe Divina em seu aspecto de portadora dos lótus da bem-aventurança.

Falando de Espiritualidade

O fracasso do dia de ontem não conta hoje. O sol nasce todo dia. Isto é, cada dia é sempre um recomeço.

Não dê atenção para o pessimismo das pessoas invejosas, revoltadas ou egoístas, pois elas estão padecendo da doença da mediocridade em seus corações.

INSISTA NESTA PRÁTICA E ABRA OS CAMINHOS PELA SUA PRÓPRIA AÇÃO.

Antes que alguém me envie um *e-mail* pedindo um mantra para equilibrar o campo emocional por causa de alguma decepção amorosa, adianto-me e sugiro esse: HRIM. Esse é o bija-mantra de evocação da Mãe Divina em seu aspecto TRIPURASUNDARI (a mãe da firmeza e removedora dos dramas íntimos).

Muitas pessoas pensam que quem trabalha mais diretamente com temas espirituais só se preocupa com o lado extrafísico das coisas. Ledo engano!

Qualquer espiritualista esclarecido está plenamente encaixado na vida terrestre natural e vive normalmente igual a todos. Preocupa-se com questões sociais do mundo imediato e convive normalmente com vizinhos, colegas de trabalho e com o pessoal ali da esquina. E vibra energias invisivelmente para que aconteça o melhor para cada ser.

Estes escritos são apenas uma tentativa de vibrar algo positivo na consciência dos leitores.

Não sou conselheiro ou mestre. Sou apenas um ser humano tentando gerar energias úteis.

Não tenho a mínima pretensão de dizer às pessoas o que elas devem fazer de suas vidas. Mas sei que alguns escritos podem penetrar tão fundo na consciência de uma pessoa que são capazes de levá-la a reflexões e sintonias que possibilitem uma mudança vibracional para parâmetros melhores na existência, física e extrafísica.

O Sol da Paz

Ontem, depois de um trabalho bem pesado de assistência extrafísica, em que vi espiritualmente coisas que deixariam muita gente de cabelo em pé, um dos amparadores disse-me o seguinte:

"Somos paraplégicos espirituais.

Estamos na Terra em uma parafisioterapia consciencial.

Precisamos reaprender os movimentos da paz, da paciência e da compaixão.

Vida é movimento!"

Muitas experiências amargas são remédios salutares que a Mãe Vida nos dá sabiamente.

Muitos contratempos diários são excelentes curativos aplicados nas feridas do nosso orgulho.

Porém, o que nos curará de nossa paralisia espiritual é a instalação da paz perene em nossos objetivos.

Perguntemos serenamente a nós mesmos:

– Por que somos tão belicosos?

– Por que nos envolvemos em situações negativas?

– Por que permitimos que o pessimismo roube a nossa luz interior?

– Por que permitimos a inoculação do veneno do ódio em nossas vidas?

– Quem é o ladrão que rouba o brilho de nossos olhos?

– Quem é o mantenedor das trevas que rondam nossos corações?

– Por que não encaramos essas questões com mais freqüência?

Falando de Espiritualidade

A paz interior não pode ser buscada, pois, quando buscamos algo, logo surge a ânsia de encontrar – filha direta de toda busca – aquilo que procuramos.

Talvez, ela já esteja aqui mesmo, dentro de nós, escondida sob toneladas de detritos do nosso ego. Talvez ela já esteja nos chamando, em silêncio.

Em meio ao bulício do mundo e às tormentas emocionais humanas, há um chamado silencioso dentro de nós. Ele é gentil, paciente e espiritual. Esse é o chamado da paz, que não é encontrado em lugar algum, mas apenas dentro de nós mesmos.

Nossas aflições são o preço que pagamos por não ouvirmos a canção da paz na câmara secreta do nosso coração.

Há dois tipos de paz: a paz espiritual e a paz dos homens.

A paz dos homens não é paz; é apenas o intervalo entre duas brigas. Quando alguém não está guerreando, então diz que está em paz. Nesse caso, paz é apenas o nome do intervalo entre guerras.

Em contrapartida, a paz espiritual é um estado de consciência. Mesmo em meio ao caos, ela está presente dentro de nós. Ela é a mãe da compreensão e patrocinadora da estabilidade interdimensional. Ela é a luz que, mesmo em meio à violência dos homens, nos leva ao ponto de equilíbrio de vermos o brilho divino em cada ser. Ela nos faz amar, mesmo que ninguém entenda por quê. Ela abre nossas consciências ao fluxo do amor e à pulsação da imortalidade. Ela nos faz refletir que ninguém morre e que vale a pena trabalhar a favor de objetivos sadios. Ela sabe o caminho e nos guia em silêncio.

Escrevendo essas linhas, lembrei-me de Buda e Jesus. Esses dois amigos da humanidade estavam certos:

De que adianta ganhar o brilho do mundo e perder a paz da alma?

Wagner Borges

De que adianta viver sem horizontes abertos para o amor e o progresso infinito?

Haverá algum tesouro maior do que a luz da paz brilhando em nossos pensamentos e sentimentos?

Vida é movimento!

Paz é o equilíbrio nos movimentos, internos e externos.

Paciência é "PAZ-CIÊNCIA". Ou seja: "CIÊNCIA DA PAZ".

Sidarta Gautama, o Buda, referiu-se a isso dizendo:

"Abaixo da iluminação, tudo é dor!"

Cinco séculos depois, Jesus, o Cristo, falou do consolador divino.

Ele falou do SOL DA PAZ no coração e do amor nas atitudes e caminhos.

O Consolador significa: "Com o SOL desaparece a dor interna." Ou seja: A LUZ DA PAZ CURA A ALMA!

Como diria o inspirado escritor ocultista Miguel* (autor de um livrinho excelente sobre o sermão da montanha de Jesus): "Veja com o teu olho interno; sinta com o teu sétimo sentido. Os que sofrem serão consolados (terão o SOL, viverão no SOL: Con-SOL-ados)".

Em outro trecho inspirado, ele nos brinda com as seguintes pérolas de sabedoria:

"No seio da PAZ há um movimento.

Aspira e respira a PAZ no alento da vida;

e a luz do espírito da PAZ será em ti.

Tens um fiador interno, um SER que tudo sabe e tudo pode.

---

* Miguel é o pseudônimo de um brilhante ocultista brasileiro. Seu livrinho (que é um livrão!) chama-se *As Bem-Aventuranças e o Sermão da Montanha de Jesus Cristo*. Foi editado pela Editora da Fundação Cultural Avatar. É uma obra muito inspirada.

Falando de Espiritualidade

Merece-O. Confie."

Mergulhado nas ondas do AMOR consciente e inspirado pela PAZ, começo a rir sozinho aqui na frente do computador.

Um sentimento de contentamento íntimo faz meus olhos e meus chacras tornarem-se sóis de bem-aventurança.

Penso em todas as pessoas amarguradas, e silenciosamente emano ondas de contentamento luminoso na intenção dos sofredores de todo o mundo. Não posso minorar suas dores físicas e emocionais, mas posso vibrar ondas sutis que interpenetrarão seus corações e acordarão seu CONSOLADOR interno.

Ele direcionará seus caminhos para tudo aquilo que for o melhor para a sua evolução. Ele os inspirará na caminhada da vida. Ele é o SOL da PAZ!

Há um amparador da equipe extrafísica de Ramatis aqui junto de mim no momento. Enquanto escrevo, ele me observa serenamente envolto numa atmosfera azulada.

Daí, lembro-me que o amparador tem uma função espiritual: "AMPARA-dor". Ou seja: ele "ampara quem está com dor".

Logo, o "AMPARA-dor" também é "con-SOL-ador e ESCLARECE-dor".

AMPARA-do pelo AMOR e con-SOL-ado pela PAZ, continuo viajando por esses escritos, permeados desta alegria serena que nenhuma doutrina ou instituição humana pode me dar.

Viajo pelo universalismo que me permite ser eu mesmo, sem lavagem cerebral, e que me faz transitar livremente por todas as áreas, aproveitando as partes boas de cada uma e seguindo sempre livre...

Lembro-me do ensinamento de Krishna ao seu discípulo-arqueiro Arjuna:

Wagner Borges

"Narananda*, faça suas setas luminosas rasgarem o céu escuro da ignorância dos homens e leve-lhes a certeza da imortalidade. Ninguém nasce ou morre; a alma apenas entra e sai de corpos perecíveis ao longo de muitas jornadas de experiência.

EU SOU a inspiração do sábio, do poeta, do músico e dos trabalhadores espirituais de todos os tempos.

EU SOU o habitante secreto do seu coração.

EU SOU o seu sorriso e o fiador do seu trabalho na crosta do mundo.

EU SOU a sua alegria!"

Que maravilha a liberdade de poder estudar os ensinamentos de Jesus sem que eu seja cristão, de Buda sem que eu seja budista e de Krishna sem que eu seja do Movimento Hare Krishna.

Que alegria poder estudá-los apenas como um ser humano que está na Terra para aprender as coisas boas que eles e outros mestres ensinaram.

Lembro-me de Ramakrishna e começo a rir novamente (meus dentes estão cheios de luz).

Ele também viajava pelas ondas da consciência cósmica e ensinou o seguinte:

"Flutuo no ar e respiro o Grande Amor.

O Amor de Deus é maior do que tudo!

As profecias passam, pois estão sujeitas à ação do tempo.

Só o amor transforma!

Enquanto vivo, aprendo!

A Mãe Divina é o nosso escudo.

** Narananda (do sânscrito): O homem portador da Bem-Aventurança divina.

Falando de Espiritualidade

O Grande mantra é Servir, Servir, Servir..."

Lembro-me de Bábaji, de Lahiri Mahasaya, de Paramahansa Yogananda, de Mátaji, de Ananda, de Ramatis, de Lao-Tzé, de Chuang-Tzu, de Francisco de Assis... e continuo rindo... conSOLador.

Concluo estes escritos citando novamente o maravilhoso texto de Miguel: "Bem-aventurados os limpos de coração. Eles verão a Deus."

"São aqueles que conseguem ver e sentir no seio das trevas de suas mentes, e nas dos demais, a Pura Luz Original que é a continuação da Vida de Deus em cada criatura. Essa Pureza Original da Energia Luminosa Divina não se contamina com as impurezas da mente e do sentimento, embora permita ser envolvida por elas.

O Espírito da Pureza Divina vai, progressivamente, mostrando ao homem que viver na impureza é um mal-estar. O homem que não está limpo por dentro e por fora atrai elementos sujos e inferiores que impedem o seu autodesenvolvimento físico, mental e espiritual.

Por que o Divino Mestre disse "os limpos de coração" e não "os limpos de mente"?

É porque, se o coração estiver sem malícia, o Átomo Divino Construtor do corpo, que pontifica no coração, leva a mente pela corrente sanguínea e espalha sua energia-luz purificadora e iluminadora.

A todos os leitores, Namastê.* (O conSOLador que mora em mim saúda o conSOLador que mora dentro de vocês!)

(Escrevi este texto enquanto ouvia o belo disco de rock progressivo de Fish (ex-vocalista do Marillion), **Suits** *– Gravadora Road Runner [lançamento nacional]. A segunda e a décima música são maravilhosas.)*

---

* Namastê (do sânscrito): "A Divindade que mora em mim saúda a Divindade que mora em você."

Capítulo IV

Nas Ondas da Experiência

Falando de Espiritualidade

Surfistas da Vida

Somos surfistas da vida!

Deslizamos pelas ondas da experiência em nossos corpos-prancha, fazendo evoluções em meio aos movimentos do mar de energia onde nos manifestamos.

Podemos surfar pela vida com graça e alegria ou podemos quebrar a cara em tombos violentos, se não tivermos a habilidade necessária.

Viver é surfar! Vida é movimento! Há muitos oceanos, na Terra e além...

E muitas ondas a conhecer, muitas pranchas e muitas evoluções...

Oxalá possamos transformar nossos corpos em pranchas de sabedoria e possamos surfar com maestria e amor nesse imenso oceano da Criação.

Possamos aprender com nossos tombos, pois surfar é preciso...

Aqui na Terra, temos corpos-prancha de várias cores: negros, amarelos, vermelhos e brancos. Mas os surfistas que ocupam essas pranchas são de uma só cor: a cor da luz!

Sim, são da mesma cor de Deus! São da cor da imortalidade!

Pois é, meus amigos surfistas, haja ondas, pranchas, tombos, evoluções e luz nesse universo de Deus.

Mas uma coisa as ondas do tempo e da experiência me ensinaram: mudam-se as pranchas e os mares, as ondas sobem e descem, mas os surfistas prosseguem na crista da onda da Eternidade.

São surfistas espirituais nas ondas de Deus...

(Este pequeno texto é dedicado aos surfistas que viajam nas ondas da música, da poesia, da espiritualidade, do sorriso e da simplicidade; e que agradecem e celebram a magia de viver, sem esperar reconhecimento ou algum paraíso, mas apenas a alegria de surfar nas ondas da vida com dignidade e simpatia.)

Homens-Livros

O Universo é uma imensa livraria. A Terra é apenas uma de suas estantes. Somos os livros colocados nela.

Da mesma maneira que as pessoas compram livros apenas pela beleza da capa, sem pesquisarem o índice e o conteúdo do mesmo, muitas pessoas avaliam os outros pela aparência externa, pela capa física, sem considerarem a parte interna.

Outras procuram livros com títulos bombásticos, sensacionalistas, histórias de terror ou romances profundos.

Também é assim com as pessoas: há aquelas que buscam sensacionalismos baratos, dramas alheios ou apenas um romance profundo ou rasteiro.

Somos homens-livros lendo uns aos outros.

Podemos ficar só na capa ou aprofundar nossa leitura até as páginas vivas do coração.

A capa pode ser interessante, mas é no conteúdo que brilha a essência do texto.

O corpo pode ter uma bela plástica, mas é o espírito que dá brilho aos olhos.

Também podemos ler nas páginas experientes da vida muitos textos de sabedoria.

Depende do que estamos buscando na estante.

Podemos ver em cada homem-livro um texto-espírito impresso nas linhas do corpo.

Deus colocou sua assinatura divina ali, nas páginas do coração, mas só quem lê o interior descobre isso.

Falando de Espiritualidade

Só quem vence a ilusão da capa e mergulha nas páginas da vida íntima de alguém descobre seu real valor, humano e espiritual.

Que todos nós possamos ser bons leitores conscientes. Que nas páginas do nosso coração possamos ler uma história de amor profundo. Que em nossos espíritos possamos ler uma história imortal.

E que, sendo homens-livros, nós possamos ser leitura interessante e criativa nas várias estantes da livraria-universo, pois somos homens-livros *forever*!

A capa amassa e as folhas podem rasgar. Mas ninguém amassa ou rasga as idéias e sentimentos de uma consciência imortal.

O que não foi bem escrito em uma vida poderá ser bem escrito mais à frente, em uma próxima existência ou além...

Mas, com toda certeza, será publicado pela editora da vida, na estante terrestre ou em qualquer outra estante por aí...

(Há homens-livros de várias capas e cores, mas Deus é o editor de todos eles.)

(Este texto é dedicado àqueles homens-livros que sabem ler nas entrelinhas do brilho dos olhos e, na luz de um sorriso, a graça da vida em todas as dimensões.)

Wagner Borges

Luz no Caminho

A seara do amor é a seara do mestre Jesus.

Sob a ação de Sua luz apaziguadora, os seres obscuros são transformados.

Suas dores são curadas; caem suas máscaras e suas emoções são apaziguadas.

Todos nós juntos, no amor-luz do Senhor, podemos empreender seguras transformações.

Podemos pavimentar com sentimentos luminosos as vias do caminho espiritual.

De coração aceso, mãos dadas e mentes irmanadas na mesma sintonia, podemos abrir as portas do desconhecido e enfrentar os monstros de nossa ignorância.

Podemos voar juntos no céu de nosso Pai Celestial. Podemos arar juntos a pele de nossa Mãe Terra.

Podemos exercer aquilo que nossos "pares" espirituais indicaram.

Consideremos o Universo a nossa casa eterna; as estrelas, nossas irmãs; a vida, sábia conselheira; o tempo, grande irmão; a sabedoria, nossa mestra; o amor, nosso guia; o trabalho, nossa chance de crescimento; a paz, o resultado de esforços construtivos; a alegria, bênção maravilhosa; e Jesus, o amigo de todas as horas.

Somos irmãos de ideal espiritual, parceiros de caminhada, viajantes do destino, espíritos a caminho da luz divina.

Nossa evolução não é só nossa, pois muitos seres são transformados por nossa própria transformação.

Falando de Espiritualidade

Somos todos discípulos de Jesus e, como tais, somos promotores da paz espiritual, dentro e fora de nós.

Somos todos "LUZ NO CAMINHO", e o Pai Divino nos espera, em casa...

– José* –

(As pessoas adoram rotular os outros de acordo com suas próprias convicções espirituais. Se alguém escreve algo sobre projeção, é logo rotulado como projetor ou projeciólogo. Se recebe um texto espiritual, é rotulado como espírita. Se fala de Jesus, é chamado de cristão. Se fala de Buda, é budista. Se faz um poema sobre Krishna, é hinduísta. Se escreve sobre Hermetismo, é tachado de esotérico.

Se diz que viu um preto velho, deve ser de Umbanda. Se fala de preceitos iogues, é considerado discípulo de algum caminho espiritual oriental. Se admira Lao-Tzé, é rotulado como taoísta. E, daí por diante, outros rótulos, rótulos, rótulos... que, na verdade, não definem coisa alguma. Só servem para limitar a expressão do outro e condicioná-lo a um sistema doutrinário qualquer.

Que dia radiante será aquele em que chamarmos o outro apenas de irmão, sem considerar raça, sexo, religião ou cultura. Nesse dia, Jesus, Buda, Krishna, Lao-Tzé e todos os amigos sutis da humanidade surgirão de mãos dadas diante de nós, saudando-nos na atmosfera da paz imperecível e dizendo-nos que o Pai Divino é um só e interpenetra a todos com o mesmo amor.)

---

* José: é um amparador que trabalha integrado às vibrações de Jesus. Ele é muito discreto e não quer nenhum alarde sobre sua presença.

Nas Ondas do Silêncio

Olá, meus amigos! Estou digitando estes escritos às 2:59h da madrugada.

Ainda há pouco, eu estava em meu quarto estudando o ótimo livro *The Tibetan Art of Healing*, de Ian A. Baker (prefácio de Deepak Chopra; Ed. Thames and Hudson).

Horas antes, lembrei-me de uma fita-cassete que uma amiga gravou para mim anos atrás. O título da mesma é *The Silent Waves*. Nem mesmo ela sabe quem é o autor das músicas, pois comprou-a de um cara bem na entrada de uma estação do metrô em Paris, em uma de suas viagens. Há alguns anos que não a ouço.

Enquanto folheava o livro de cura tibetano, resolvi ouvir essa fita. Ao ouvir os suaves acordes de teclado permeados pelo som das ondas do mar, lembrei-me de vários trabalhos espirituais que fiz escutando essa mesma fita. Daí, resolvi escrever um pequeno texto sobre as viagens espirituais que realizei inspirado por essas músicas.

* * *

"Mesmo em meio à agitação das multidões e o caos urbano, é possível sentir as ondas do silêncio chegando nas praias internas da consciência.

É possível navegar por essas ondas serenas, além dos tormentos da mediocridade espiritual do ego.

Expandir a consciência, sem sair do lugar, e ao mesmo tempo, abarcar todo o universo.

Que viagem maravilhosa: nadar espiritualmente nas ondas do silêncio, pelos oceanos da consciência serena.

Silenciosamente, curvo-me diante das ondas de amor silencioso que chegam até as praias do meu coração espiritual."

Falando de Espiritualidade

* * *

Logo após eu escrever isso, surgiu um dos amparadores extrafísicos hindus. Pegando uma carona no que escrevi, ele ditou-me o seguinte:

"Ondas silenciosas... Esse é um conceito fantástico!

A percepção de que a imanência do TODO viaja pelo universo na forma de ondas silenciosas é pura cosmogênese espiritual.

Ondas silenciosas que interpenetram seres e dimensões em maravilhosa profusão de vida.

Pense nisso: ondas de puro amor viajando pelo infinito, de dentro e de fora, todo o tempo, em silêncio.

No meio dessas ondas, o sorriso invisível de Deus!

Só amor fluindo.. LUZ... VIDA... PAZ... HARMONIA...

Nas ondas do silêncio."

* * *

Para concluir dignamente este texto, recorro à sabedoria taoísta:

"A tranqüilidade profunda permanece.

Ela é a mãe de tudo o que não morre.

No seu movimento fundamenta-se o vir-a-ser do Céu e da Terra.

A tranqüilidade profunda é em si mesma movimento."

– Lao-Tzé –

(Esses escritos são dedicados, no silêncio que comunica muitas coisas, às minhas amigas Carla Cristina e Virgínia, a Thaís, companheira fiel, e a todos os participantes da lista Sintonia.)

Autocura Colorida
(Entrevista com três amparadores budistas extrafísicos)

Hoje levantei-me bem cedo para trabalhar.

Sentei-me em frente ao computador às 7:30h da manhã.

Durante meia hora, tentei completar um artigo grande que estou escrevendo, mas não consegui. Sentia o meu cérebro congestionado (devido ao acúmulo de trabalhos) e sem fluidez para escrever.

Para relaxar, resolvi ler alguns gibis (Super-Homem, Homem Aranha, Batman e outros). Sentei-me no sofá do quarto e coloquei para tocar o CD *Knightmoves To Wedge...*, do conjunto inglês de rock progressivo "Pallas" (adoro a música "Just a memory", oitava do disco, maravilhosa peça cheia de teclados soberbos e guitarras maravilhosas).

Li apenas metade de um gibi. Definitivamente, o meu cérebro não estava querendo escrever ou ler. Então, fechei os olhos e fiquei curtindo só a música.

Envolvido pelos maravilhosos acordes de teclados e guitarras, meu cérebro foi relaxando.

Em dado momento, espontaneamente, meu chacra frontal dilatou-se energeticamente. Surgiram algumas imagens difusas em minha tela mental interior.

E percebia alguns vultos distantes, mas não conseguia divisá-los claramente.

Então, para melhorar a clarividência, inundei o chacra frontal com luz amarela clarinha e fiz uma ativação energética nele. Isso melhorou o processo e consegui perceber as figuras distantes claramente.

Vi um grupo de três monges extrafísicos em cima de uma montanha. Eram orientais (não sei precisar se eram chineses ou

Falando de Espiritualidade

tibetanos), carecas, barbas grisalhas e estavam vestidos com aqueles mantos alaranjados.

Tinham olhos brilhantes e expressão serena e alegre. Observavam-me em silêncio.

Pelas vias telepáticas, comuniquei-me com eles. Nosso papo mental era de chacra frontal a chacra frontal.

Peguei caneta e papel para anotar tudo o que eles me passassem. Anotei algumas de suas sugestões para análise posterior.

Como não sou egoísta e nem hermético, pedi a eles que me passassem alguma coisa que eu pudesse veicular para os leitores. Eles entreolharam-se e disseram-me que eu poderia fazer apenas uma pergunta sobre um tema de minha escolha (diga-se de passagem, esses espíritos não entregam o jogo facilmente. Se os leitores soubessem o trabalho que dá extrair informações desses caras...)

Pensei um pouco e escolhi o tema da autocura por ser de utilidade geral. Fiz uma pergunta sobre isso e eis aqui a resposta do jeito deles:

"É possível fazer uma autocura profunda. As energias bem trabalhadas limpam tudo de nefasto que esteja instalado no sistema físico e espiritual da pessoa.

Em primeiro lugar, elas agem sobre o corpo sutil, o verdadeiro pano de fundo da vitalidade do corpo denso, dissolvendo seus bloqueios, purificando seus condutos sutis (nádis) e seus lótus espirituais (chacras).

Por repercussão direta, elas interpenetram o corpo denso e espalham-se pelas células e o sangue, difundindo suas benesses a todo o sistema. O sistema linfático e as glândulas endócrinas são particularmente agraciados pela infusão colorida das energias.

Uma visualização criativa das energias coloridas dentro dos olhos é capaz de ajustar as condições de todo o sistema, sutil e físico. Porém,

Wagner Borges

esse é um método muito difícil de ser efetuado por um ocidental, pois exige grande dose de concentração e paciência.

Ademais, seus efeitos potencializam a força de vontade da pessoa e, se não houver um equilíbrio emocional adequado, podem fazê-la escorregar para os reinos da arrogância.

Potência energética sem compaixão pode causar sérios desequilíbrios psíquicos.

Para quem vive na agitação das grandes cidades, o ideal é a ativação das cores por intermédio do lótus do coração (chacra do coração).

Quando o MANI* espalha sua essência silenciosa, não é somente a pessoa que melhora, mas também o universo e todos os seres sencientes, em todos os níveis.

Antes de efetuar essa visualização autocurativa, feche os olhos e mergulhe profundamente em seu coração. Sinta dentro dele sua essência maravilhosamente iluminada pelas vibrações da compaixão.

Manifeste sentimentos fraternos por toda a existência e esqueça qualquer drama ou sensação tormentosa.

A compaixão divina, fonte de inspiração de bilhões de Budas e Cristos, brilha dentro do mani.

Tome consciência disso e brilhe junto! Alegre-se! A bem-aventurança (ananda) mora no centro de seu coração.

Desprovido de qualquer egoísmo e arrogância, visualize uma grande esfera energética em frente ao seu peito. Ela é um sol intenso flutuando à sua frente.

De seu centro, emanam cinco raios coloridos: amarelo, azul, verde, vermelho e branco. Esses raios interpenetram o coração e vivificam-no com a vitalidade da esfera luminosa.

---

* Mani (do sânscrito): jóia espiritual.

Falando de Espiritualidade

Imagine que as cores dos raios refletem no seu mani (jóia) e espalham-se cheias de amor por todo o seu corpo.

O próximo passo é direcionar os raios coloridos diretamente da esfera em frente para os lótus (chacras) na seguinte freqüência:

– branco para o lótus frontal;

– azul para o lótus laríngeo;

– verde para o lótus do coração;

– amarelo para o lótus do umbigo;

– vermelho para o lótus do baixo-ventre.

Após banhar-se nas lindas cores, procure trabalhar individualmente cada um dos lótus.

Concentre-se apenas no raio branco inundando o lótus frontal.

Que a plenitude da luz branca limpe o centro da sua mente e cure as feridas causadas pelos pensamentos aflitivos.

Om Mani Padme Hum!

Concentre-se no puro raio azul inundando seu lótus da garganta.

Que a tranqüilidade do irmão azul possa pacificar o seu centro de expressão no mundo e possa curá-lo dos males da fala e do julgamento.

Om Mani Padme Hum!

Concentre-se no raio verde inundando seu lótus do coração.

Que a simpatia da natureza verde possa promover a luz da alegria em seus sentimentos e possa curar suas dores afetivas.

Mergulhe nas ondas amigas da paz.

Om Mani Padme Hum!

Concentre-se no raio amarelo inundando seu lótus umbilical.

Wagner Borges

Que a vivacidade do amigo amarelo possa comunicar-lhe a alegria de sentir a luz do universo no âmago de si mesmo e possa curá-lo da ação das intempéries emocionais instintivas alojadas em suas entranhas.

Om Mani Padme Hum!

Concentre-se no raio vermelho inundando seu baixo-ventre e chegando até a base da coluna.

Que o poder do agente de cura vermelho possa transmitir ao seu corpo a cura da Mãe Terra e a alegria da vida.

Om Mani Padme Hum!

Agradeça a compaixão divina pela ação benéfica das luzes coloridas em sua vida.

Finalizando essa realização colorida, junte as mãos na altura do peito e visualize que a esfera de luz em frente ao seu peito transforma-se numa linda flor azul (a pessoa escolhe o tipo de flor de seu agrado).

Ofereça essa flor espiritual a todos os seres sencientes do universo, visível e invisível.

Om mani Padme Hum! Alegria! Alegria! Alegria!"

Aproveitei o lance e fiz o exercício à medida que eles explicavam-no.

O efeito é bem legal! Ativa as energias pelo corpo e descansa a mente sem tirar sua vivacidade.

Agradeci a eles por ensinar essa visualização aos leitores.

Lentamente, fui deixando de percebê-los. Suas imagens foram se diluindo gradativamente.

Contudo, um deles ainda me pediu para acrescentar o seguinte:

"Para uma autocura mais eficaz, é necessário romper com as dores do passado.

Falando de Espiritualidade

Lembranças aflitivas levam a consciência ao reino do ilusório. Tudo é passageiro nessa roda do samsara (do sânscrito: "roda do renascimento obrigatório").

A característica das energias do plano físico é a impermanência: TUDO PASSA!

Voltar ao passado é o mesmo que viajar ao cemitério de si mesmo. Corresponde a enterrar-se sob toneladas de emoções insidiosas e mal-resolvidas.

Viajar ao passado só é válido como instrumento terapêutico ou de pesquisa, quando as lembranças são revertidas em sabedoria e solidariedade no momento presente. Este também passageiro, mas necessário à experiência da consciência no plano fenomênico.

Todo ser é divino; é expressão da compaixão perene que anima a todos.

Como portadores da divindade dentro da jóia do coração, todos estão destinados à felicidade serena e à expressão da divina compaixão em si mesmos.

E essa bem-aventurança não reside no passado e nem é filha das dores de antanho.

Ela é resultado direto dos esforços executados no aqui e agora.

Ninguém encontra a plenitude nas feridas do passado. Mas é possível encontrá-la agora mesmo, no brilho da jóia do coração.

O perdão consciente liberta a pessoa das amarras psíquicas do ódio e faz surgir as maravilhosas energias da compreensão.

O resultado efetivo disso é o canto da compaixão, alegrando a consciência em todos os planos:

OM Mani Padme Hum!"

Bom, anotei e agora estou digitando tudo isso.

Wagner Borges

Não sei se conseguirei completar o tal artigo agora, mas, de qualquer maneira, o congestionamento cerebral desapareceu. Acho que já dá para terminar de ler o gibi do Super-Homem.

Om Mani Padme Hum* a todos os leitores!

---

* OM MANI PADME HUM (do sânscrito): "Salve a jóia no lótus!". Esse é o mantra da compaixão divina usado pelos budistas tibetanos. É uma dádiva de Avalokitesvara, o boddhisattva da compaixão.
Eis alguns CDs maravilhosos que contêm esse mantra:
• *Laíze* (participação de Aurio Corrá nos teclados e arranjos);
• *OM*; Gravadora Alquimusic; série: ANM – 0015. A segunda música desse disco é um canto de amor e faz um bem enorme ao chacra do coração. É amor em forma de ondas sonoras.
• *Tibetan Incantations – The Meditative Sound of Buddhist Chants*; Gravadora Music Club; série: 50050. A segunda música desse disco é de uma profunda alegria e melhora o humor do ouvinte. É alegria em forma de ondas sonoras. A terceira música é o mantra Om Mani Padme Hum cantado à capela pelos monges tibetanos. Esse disco tem 74 minutos de música.
• *Six-Word Mantra of Avalokitesvara – The Avalokitesvara Bodhisattva Dharma Door Vol. ll*; Gravadora Wind records; série: TCD – 2109. Esse CD foi feito por músicos chineses e projetado para a cura de órgãos internos pelo mantra Om Mani Padme Hum. Entretanto, como a pronúncia é chinesa, o mantra fica assim: Om Mani Pa Me Hung. Seu efeito é bem forte. Nesse trabalho, o lance é mais de energia do que de amor. É vitalidade em ondas sonoras.
• *Beijing Central Juvenile Chorus*; CD *Wingsong of The Lotus World*; Gravadora Wind Records; série: TCD – 2152. As músicas são cantadas por um coro juvenil chinês. Aqui o Avalokitesvara (representado pelos chineses na figura da Deusa da compaixão "Kuan-Yin"), criador do Om Mani Padme Hum, é reverenciado em um belo canto que encanta o coração do ouvinte sensível. Esse disco é paz em ondas sonoras.

Falando de Espiritualidade

Nas Vibrações do Kailash

Das cavernas do Himalaia à câmara secreta do meu coração;

Dos sagrados montes do Kailash às águas dos meus sentimentos;

Da luz do sol ao meu lótus das mil pétalas;

Da imensidão do universo ao centro de mim mesmo;

Da divindade que mora em mim

à divindade que mora em todos os seres,

e por onde quer que eu concentre as percepções,

só percebo a sutil voz do Grande Arquiteto do Universo dizendo:

"Te amo, te amo, te amo..."

* * *

Ao longo de muitos anos de estudos e práticas espirituais, vi, senti e aprendi muitas coisas.

Sempre observei fatos e situações de mente aberta, procurando extrair o melhor de cada experiência.

Aprendi de muitas fontes e procurei somar as melhores partes em minha consciência sempre livre.

Os bondosos pretos-velhos da Umbanda procuraram me ensinar a humildade;

Os índios extrafísicos, a garra e a vontade firme;

Os mestres hindus, a paciência e o desenvolvimento das virtudes espirituais;

Os mestres chineses, o domínio das energias (Chi) e a arte de sorrir;

Os tibetanos, a ter compaixão;

Os iniciados egípcios, o respeito pelas idéias espirituais;

Os médicos extrafísicos, a arte da dedicação à cura;

Com tantos outros amigos extrafísicos, a responsabilidade espiritual.

Cada uma dessas consciências extrafísicas me ensinou algo ao longo dos anos.

Mas em uma coisa elas foram unânimes:

Sem amor ninguém vive...

* * *

Certa vez, uma dessas consciências me disse:

"Minha mente na tua,

tua mente na minha

e a mente do Todo em tudo!"

* * *

O mundo está cheio de pessoas vingativas, sinistras e literalmente pessimistas. Mas meu coração se recusa a compactuar com as emanações cinzentas da falta de esperança dessa gente.

Será porque ele ainda percebe aquela voz sutil dizendo: "Te amo, te amo, te amo..."?

(Dedico estes escritos a esses grandes espíritos, encarnados e desencarnados, que trabalham em silêncio a favor da humanidade. São gigantes da consciência, operando nos bastidores espirituais do mundo, fora do bulício emocional dos homens. São viajantes do silêncio e agentes serenos da Luz Maior.)

OM TAT SAT OM.

(Escrevo estas linhas logo após uma vivência espiritual em que, pela segunda vez [pelo menos, nesta vida], tive contato com um grupo de amparadores que trabalham nas vibrações espirituais do monte Kailash*, na região do Himalaia.)

---

* Monte Kailash: monte sagrado situado no Himalaia. Segundo a crença, é morada de vários Budas extrafísicos. Ver o belo livro de Paul Brunton, *Um Eremita no Himalaia*, publicado pela Ed. Pensamento.

Falando de Espiritualidade

Rei do Coração

"Quem Me chama com sinceridade, mesmo envolvido nas trevas mais profundas, transcenderá o jugo das ilusões e perceberá o Meu amor brilhando em cada ser!"

– Krishna –

Acabei de fazer uma pequena prática espiritual e, como meu ambiente está preenchido de vibrações maravilhosas, fruto das irradiações energéticas invisíveis que são emanadas aqui de casa para toda a humanidade (é a maneira que encontrei de ajudar em alguma coisa) e da presença de alguns amigos extrafísicos cheios de alegria que inspiram esse trabalho, eu gostaria de dividir com vocês um pequeno recurso que uso para sintonizar as vibrações de Krishna.

Trata-se do mantra "OM MAHARAJ".*

Com muita humildade e boa vontade, sente-se confortavelmente de olhos fechados e faça o seguinte:

1. Eleve os sentimentos e pense: EU SOU LUZ!

2. Leve a atenção com paciência até a parte central interna do peito (região do chacra do coração).

3. Visualize uma terna flor desabrochando tranqüilamente ali no centro do peito (escolha o tipo de flor e a cor que quiser).

4. Como se sua voz interior estivesse bem no centro da flor,

---

* OM MAHARAJ (do sânscrito): OM: "Verbo Divino"; "Som divino"; "Vibração interdimensional". MAHA: "Grande"; "Incomensurável". RAJ (ou RAJA): "Rei". Logo, o mantra significa "Grande Rei". Refere-se a Krishna, o Grande Rei dos corações; o Grande Rei do amor-luz; o grande Rei que é o verdadeiro Senhor da alegria divina que mora nos corações. Para melhor entendimento, é como um cristão referindo-se a Jesus como o Grande Rei do amor. E, diga-se de passagem, feliz é o coração que tem como rei alguém como Jesus, Krishna ou Buda.

Wagner Borges

repita suavemente (apenas mentalmente) o mantra "OM MAHARAJ" por alguns minutos e peça a Krishna e a suas hostes de trabalhadores espirituais que enviem um fluxo de luz do seu coração ao coração de todos os homens.

5. Afaste qualquer dúvida ou mediocridade de seus pensamentos e sinta a luz de Krishna dentro de sua flor.

6. Fique assim por alguns minutos e sinta-se muito bem!

Observações:

• Esse mantra afasta o medo e protege de agressões parapsíquicas.

• Ajuda a harmonizar o ambiente.

• Faz surgir um contentamento interior e uma intensa vontade de compartilhar tudo de bom com os outros.

• Literalmente, você fica possuído por uma doce alegria.

• Melhora sua sintonia com os amigos extrafísicos.

• Se for feito diariamente, apenas por alguns minutos, aumenta consideravelmente a concentração e a autoconfiança.

• Pessoas que perderam familiares, às quais tenho ensinado esse mantra, têm narrado melhoras consideráveis em suas emoções. Elas sentem um grande conforto espiritual. Sentem que seu coração está sendo curado, transformado por suaves energias oriundas delas mesmas e de seus amigos extrafísicos. Sentem-se agradecidas e com vontade de viver, o que é mais importante. Em alguns casos, relatam que o fluxo de luz-amor gerado pelo mantra guiou seus familiares nas dimensões extrafísicas. E há casos em que houve real contato interdimensional.

– É um ótimo mantra para repetir mentalmente na hora de dormir, pois predispõe a pessoa para projeções conscientes com os amparadores extrafísicos.

Falando de Espiritualidade

– Se possível, faça essa prática ouvindo uma música bem suave, que o faça viajar e o estimule a pensar no divino.

– Essa não é uma prática adequada para pessoas que queiram continuar sofrendo ou odiando.

– Teste essa pequena prática com paciência e veja os resultados. No mínimo, seu coração se transformará num Sol em seu peito e aí surgirá uma grande vontade de dizer silenciosamente para Krishna* e para os amigos extrafísicos: Obrigado, queridos!

– Que Krishna o abençoe com aquele contentamento sutil que a tudo cura!

---

*Eis outros epítetos de Krishna que são considerados como mantras:
• GHANSHAYAM: "O Sempre-Jovem".
• KESHAVA: "Senhor da felicidade".
• CHIRASATI: "O Eterno companheiro".
• CHITACHOR: "Ladrão de corações".

Capítulo V

Jornada Espiritual

Falando de Espiritualidade

Peregrinos do Infinito

Na jornada da alma, muitos caminhos se apresentam.

Há caminhos largos, estreitos, convencionais, modernos, radicais, universalistas ou complicados.

Em todos eles, está presente a luz de Brahman, o Grande invisível Imanente, o Todo em tudo.

Sendo o Todo, nada está fora do seu alcance. Porém, sua ação invisível e imanente só é percebida pelo peregrino que trilha o caminho do coração.

No campo da consciência pacificada pela luz do coração, o peregrino segue as linhas invisíveis do amor.

Vê a mesma luz de Brahman no coração de todos os seres. Sabe que todos são estrelas no universo da consciência cósmica.

Investiga além das aparências, referências e emoções momentâneas e descobre um sorriso interdimensional no centro de cada coração.

O peregrino do coração sabe que as pessoas não notam esse sorriso divino nelas mesmas e por isso são tão pobres de consciência. Sabe que elas podem ser agressivas, maldosas ou medíocres mesmo.

Ah, mas no coração do peregrino, aquele sorriso invisível faz surgir o sopro vital da paz.

Então, o peregrino começa a rir.

No caminho de seu coração, ele encontrou o equilíbrio.

Sabe que o tempo cura tudo.

Sabe que ninguém morre.

Sabe que o caminho do viver oferece experiências duras, mas seu coração ordena-lhe que seus sentimentos sejam suaves.

Sabe que a amargura das pessoas poderá impedi-las de ver o caminho do coração. Elas não entenderão o sorriso interdimensional, mas, o peregrino sabe que o tempo opera grandes milagres.

Nas linhas do infinito, ele transformará a amargura em sorrisos maravilhosos.

Ensinará naturalmente que tudo passa e que vale a pena viver!

Evidenciará perante a consciência que sem amor ninguém segue...

O peregrino vai fluindo pela existência no meio de todos, mas dentro do coração.

Ele vai seguindo e sorrindo, pois dentro de seu coração há uma terna voz que sorri e diz:

– Te amo, te amo, te amo...

(Este texto é dedicado a todas as pessoas que procuram agir beneficamente na existência, mesmo vivendo em meio à turbulência da humanidade. É dedicado aos esperançosos incorrigíveis, que operam dentro de seu campo de ação no mundo, sempre objetivando tudo aquilo que for benéfico e de acordo com a paz, a luz, o discernimento e a alegria de viver.)

Falando de Espiritualidade

Espantando as Sombras

Há sombras sentadas na janela do seu ego.

Elas assediam sua mente, drenam suas energias e espetam seus sentimentos.

Elas habitam em você mesmo, atraindo por sintonia as péssimas vibrações e certas entidades extrafísicas que se aproveitam dos detritos psíquicos deixados por elas em seu viver.

Essas sombras são cinco e são muito queridas do seu ego. Embora você não perceba, elas fazem parte de sua vida íntima mais do que ninguém.

Estão tão aderidas à sua psique que você nem percebe os danos que elas causam em seu ser.

Parece até que elas fazem parte de você, mas isso não é verdade.

Elas são parasitas de seus melhores potenciais e são elas que detonam seus melhores projetos.

Essas cinco sombras que moram em seu ego são a sua miséria interior, a sua pobreza espiritual.

Elas são piores do que as doenças físicas e os problemas de relacionamento humano.

Elas são o seu pior carma, pois estão dentro de sua alma, corroendo seus sonhos e suas habilidades.

São assaltantes espirituais, verdadeiros espoliadores de sua luz interior. Sabotam-no por dentro, sem que você note, pois são exímios mestres em camuflagem emocional. Fazem-no pensar que os outros é que são os causadores de seu desequilíbrio interior.

Essas sombras machucam e confundem o seu emocional, levando o seu discernimento para o buraco.

107

Wagner Borges

Quem são essas sombras afinal?

São seus velhos amigos de sempre (acompanham-no há tantas vidas):

1) Arrogância;

2) Egoísmo;

3) Tristeza;

4) Ódio;

5) Falta de espiritualidade.

Há quase dois mil anos, Jesus deu a melhor técnica para combater essas sombras: "ORAI E VIGIAI!"

Parece que daquela época para cá, nós ainda não aprendemos isso direito (embora vários mestres tenham ensinado a mesma coisa com outras palavras).

Talvez os homens de hoje não valorizem bem esse ensinamento de Jesus por considerá-lo muito antigo ou muito envolvido em parâmetros religiosos bolorentos.

Com base nisso, sugiro uma nova abordagem em cima do "ORAI E VIGIAI".

É apenas uma tentativa de mostrar essa técnica de outra maneira (talvez assim os homens de hoje entendam melhor a magnitude desse ensinamento de Jesus).

Usando o dinamismo dos tempos modernos, vamos direto à questão:

Falando de Espiritualidade

Técnica de Combate às Cinco Sombras do Ego

(Baseada no "ORAI E VIGIAI")

Melhore seu discernimento. Estude, medite, trabalhe, esforce-se mais espiritualmente.

Aumente sua compaixão por todos os seres.

Liqüide os preconceitos de qualquer espécie.

Não seja radical em coisa alguma, abra a mente, dissolva as melecas emocionais (medo, ciúme, raivinhas, mal entendidos e coisinhas mal resolvidas).

Liberte-se das culpas e repressões do passado, irradie amor profundo por todos os seres (terrestres, extraterrestres, encarnados, desencarnados, animais, vegetais, minerais, qualquer um em qualquer lugar).

Amplie a alegria e espiritualize seus sentimentos.

Tire as cinco sombras de sua janela e coloque no lugar os três bons: bom senso, bom estudo, bom humor.

A vida está difícil, mas com as cinco sombras agarradas em seu ego, tudo fica mais pesado.

Avalie o que você está lendo aqui e sinta-se à vontade para sorrir e desintoxicar sua vida.

FIQUE BEM!

(O fato de ter escrito este texto não significa que eu já tenha vencido as minhas cinco sombras. Contudo, estou trabalhando e progredindo. Também estou feliz de ser espiritualista, e isso conta muito.)

Um Toque de Compaixão

Ainda há pouco, preparando-me para dar uma aula sobre o mecanismo dos assédios extrafísicos e a autodefesa espiritual, elevei os pensamentos e com simplicidade pedi aos amparadores que me inspirassem algum tema para reflexão da turma (cerca de 160 pessoas).

Logo, surgiu um dos amparadores da equipe extrafísica de Ramatis e passou-me o seguinte:

"Apenas um toque de amor no céu do coração* faz a viagem espiritual acontecer.

Ondas de pura compaixão fazem surgir a luz que inspira e leva a consciência a viajar sem sair do lugar, a amar sem egoísmo, a fluir sem agredir e a perceber a eternidade em si mesma, em um simples momento de sentir.

Meu amigo, a compaixão cura tudo! Os sentidos normais não são capazes de detectar seu perfume. Mas, o céu do coração está repleto de sua essência imperecível.

É por isso que a prece sincera, a leitura sadia, a meditação, a música, a comunicação silenciosa com os amparadores e os momentos de elevação consciencial trazem tanto conforto e proteção espiritual.

Esses momentos sutis propagam-se pelo céu do coração e misturam-se à essência da compaixão.

Daí, surge a cura, a reflexão profunda, a viagem espiritual e a ressonância com a Grande Compaixão que viaja pelo céu do universo de todos os corações.

Meu amigo, que teoria poderá explicar essa compaixão?

---

* Céu do coração: Essa é uma expressão iogue que significa o espaço espiritual do chacra do coração.

Falando de Espiritualidade

Que cérebro humano poderá acondicioná-la?

Não, não! É só na luz do coração que a sintonia acontece.

Como ensina o nosso amado Ramatis:

– A compaixão do Senhor é infinita.

Felizes aqueles que a percebem e eliminam o sentido do 'eu' e do 'meu' do campo da própria vida.

Felizes são aqueles que sentem o toque do infinito nas luzes silenciosas do coração."

("Cada caminho é apenas um caminho entre milhões de caminhos. Portanto, você deve ter sempre em mente que um caminho não passa de um caminho. Se você achar que não deve segui-lo, não precisa fazê-lo de modo algum. Um caminho é apenas um caminho, não é uma afronta para você ou para os outros se o largar, se for isso que o seu coração o aconselha. E a sua decisão de continuar no caminho ou abandoná-lo deve ser livre de medo e de ambição. Examine cada caminho com atenção e propósito, experimente-o tantas vezes quanto julgar necessário. Depois, faça uma pergunta a você e só a você. Esse caminho tem coração? Há caminhos que passam pelo mato, vão por dentro do mato ou por baixo do mato. A única pergunta é: esse caminho tem coração? Se tiver, o caminho é bom; caso contrário, não tem utilidade.")

– Carlos Castañeda –

Wagner Borges

Magia e Ética

As leis de causa e efeito são bem reais. Mas, agir só por medo da lei de retorno é sempre uma forma de condicionamento.

Dentro do bom senso que todos procuramos, precisamos abstermo-nos de qualquer ação maléfica com relação a alguém, não por medo das leis de causa e efeito, mas simplesmente porque isso já não representa uma atitude sadia para nós.

Os primeiros prejudicados com qualquer ação deletéria somos nós mesmos; afinal, somos o resultado exato de tudo aquilo que geramos na existência.

Da mesma forma, precisamos ampliar tudo aquilo que é benéfico, seja para nós mesmos ou para os outros, não por esperar alguma recompensa celeste, mas somente porque "é bom pra caramba fazer alguma coisa legal!"

Quando o coração está aceso, as dúvidas desaparecem.

Você sabe, pois a luz guia seus passos.

Não é o ego que conduz suas ações (aliás, o ego odeia quando o coração está aceso), é o amor!

E é ele que faz a sintonia acontecer.

* * *

Muitas pessoas dizem que as influências negativas são causadas por elementais, mas o motivo disso, pura camuflagem esotérica, é apenas negar a ação dos espíritos (acho que muitas pessoas têm medo de que as classifiquem espiritualmente dentro dos parâmetros de outras doutrinas).

Já vi casos em que o espírito tomava a forma de um elemental para enganar as pessoas (embora muitos, usando parâmetros esotéricos

Falando de Espiritualidade

antiquados, digam que são os elementais que tomam formas de espíritos para enganar as pessoas). Oportunamente, contarei um caso desses. Já vi muitos elementais, tanto naturais quanto artificiais, e sua ação quando sob o efeito de um mago trevoso é bem diferente da ação maléfica dos espíritos.

Não sei se você já viu pela clarividência a aura de alguém vitimado por um processo de magia trevosa. Parece "piche" agarrado nos chacras. E, muitas vezes aderidos aos próprios centros vitais, "pencas de espíritos densos", nutrindo-se energeticamente da pessoa.

Já ajudei muitas pessoas assim ao longo da vida e os espíritos vêm em cima querendo vingança. Por isso, é necessário muito discernimento e compaixão para lidar com uma coisa dessas.

Quero lembrar também que os próprios espíritos densos são nossos companheiros de evolução e estão cheios de luz interior, apenas recoberta por uma capa de ódio que os faz tomar atitudes destrutivas.

Qualquer clarividente razoavelmente esclarecido sabe bem o que é a energia pesada gerada pelas egrégoras do ódio e procura sempre vibrar o máximo de luz a favor das egrégoras luminosas, não para competir com elas e nem para falar de bem e mal (sempre relativos, de acordo com o enfoque de cada um), mas para colaborar com o plano da evolução, que sempre chama a todos os seres para o progresso infinito.

Tudo aquilo que prejudique alguém é contra a ética do viver, por isso as inevitáveis repercussões das leis de causa e efeito, tão estudadas por muitos, mas tão relegadas devido a conceitos teóricos demais.

Em razão do tema, só posso dizer que a COMPAIXÃO (falo da compaixão mesmo, e não de melecas religiosas ou místicas sem consistência ou mesmo de fantasias esotéricas ou espirituais) dilui qualquer malefício. E, sinceramente, acho que as pessoas devem se concentrar principalmente na magia da luz do coração. Quem anda com o sol do coração irradiando a luz da paz, do amor e da serenidade sobre os horizontes da vida está fazendo uma bela magia: "a magia da sintonia com o divino em si mesmo".

Sobre encantamento, não conheço nada melhor do que aquele que a vida (física e extrafísica) faz conosco.

A toda hora, a vida nos encanta com milhares de oportunidades de crescimento e evolução.

Cabe a nós estarmos na sintonia e tirarmos as lições de cada experiência, sempre objetivando tudo aquilo que seja favorável à evolução de todos os seres.

E que sejamos todos nós encantados pelos pensamentos claros, pelos sentimentos benignos e pelas energias luminosas em nossas ações.

Bem e mal são relativos, mas é melhor não prejudicar ninguém! Há leis de causa e efeito muito maiores do que nossos pequenos conceitos sobre tudo isso.

Como dizia o mestre Ramakrishna (séc. XIX): "Enquanto não conseguir diluir o ego, transforma-o em ego servidor. É melhor fazer o bem, mesmo sob o prisma do ego, do que não fazer nada, o que também denota a ação do ego da inércia".

Bem e mal são relativos, mas nossas energias refletem o que pensamos, sentimos e fazemos uns com os outros. Por isso, o velho chavão: "a cada um segundo suas obras!"

Precisamos amadurecer consciencialmente!

Só então seremos magos em verdade, pois nossa aura será um sol de amor.

Seremos um centro irradiante de bem-aventurança e equilíbrio.

Bem e mal são relativos, mas o AMOR é bem real! Que ele possa encantar a todos nós.

Falando de Espiritualidade

A Relatividade dos Opostos

Muito do que chamamos de "bem" e de "mal" tem muito que ver com os condicionamentos religiosos vigentes no local onde nascemos e somos educados. Na verdade, somos hipnotizados culturalmente pela sociedade em que vivemos.

Dependendo do país onde a pessoa vive, ela herda condicionamentos locais de acordo com o pacotão cultural vigente. Daí, tantas religiões e países com conotações de bem e mal tão diferentes.

A Natureza nunca é boa ou má, é apenas a Natureza. O uso que fazemos de seus elementos é que caracteriza a qualidade de alguma coisa.

Yang e Yin são os aspectos complementares de todas as coisas, já que são polaridades do CHI.* É o eterno jogo das polaridades (branco e preto, macho e fêmea, alto e baixo, quente e frio, claridade e escuridão...) que dita o ritmo do Universo interdimensional.

Os ciclos da vida são absolutamente naturais. O que é bom ou ruim depende do enfoque de cada um. Os altos e baixos fazem parte do jogo.

Onde alguém vê algo como bruxaria, outro com mais esclarecimento perceberá apenas a manipulação das energias da natureza para fins específicos sob o comando de alguém (se a operação energética é criativa ou não, aí depende de cada caso). Onde uma pessoa reprimida vê num ato sexual o pecado, outra mais esclarecida verá apenas um relacionamento natural entre duas pessoas.

Toda questão reside nisso: o enfoque que cada um dá a cada questão.

Os mestres taoístas tentaram mostrar isso de várias maneiras. O Yin e o Yang são apenas os movimentos vitais do CHI. É o claro e o escuro, lados da mesma moeda da Natureza, repercussões naturais do misterioso princípio causal: O TAO!

---

* Chi (do chinês): força vital; energia.

Wagner Borges

Porém, uma coisa é óbvia: Deve-se tomar muito cuidado para não confundir o jogo de opostos da Natureza com as nossas contradições interiores.

Não confundir a escuridão natural, contraponto da luz, com as trevas do nosso ego. Não confundir a lua e a escuridão da noite, contraponto da luz do sol, com a escuridão de nossos anseios egoísticos ou os aspectos sombrios ocultos em nós mesmos.

Luz é energia. A energia é a base da existência. Logo, tudo é expressão dessa mesma luz em graus variados de densidade.

A sabedoria consiste em mergulharmos nas águas mais turvas e profundas e vermos nelas a mais brilhante expressão da luz. Em outras palavras, luz é aquilo que dissolve a treva do ego e leva o ser na direção da evolução. A luz do alvorecer e a noite estrelada são apenas a Natureza, nada tendo a ver com qualidades morais de qualquer coisa.

A criança que nasce e o velho que morre são apenas ciclos da Natureza, Yin e Yang se manifestando.

Atividade e passividade, meros aspectos complementares dos ciclos vitais. Bem e mal são relativos, mas em nós, bom senso, discernimento e amor manifestados são fantásticos e trazem pura plenitude. Já as trevas do nosso ego não são as trevas da Natureza, são apenas nossa "meleca interior".

Os mestres taoístas ensinaram a sabedoria de conviver com os opostos, mas nunca se viu um deles prejudicando alguém.

Como alguém em equilíbrio poderia prejudicar outra pessoa? Tudo é o TAO! Agir ou não-agir (wu-wei) são questões determinadas pelas circunstâncias.

Os sábios taoístas sabiam o momento de cada coisa, por isso não se submetiam à ação da ansiedade. Eram puro equilíbrio e serenidade viajando em um mar dinâmico de CHI. Não eram bons ou maus, eram sábios! Mas uma coisa é certa, eles não carregavam trevas na consciência!

O TAO não é bom ou mal, é apenas o TAO. É a misteriosa urdidura do princípio vital.

Falando de Espiritualidade

Viagem Espiritual no Rio de Estrelas de uma Criança

Na quietude do meu ambiente, na calada da madrugada, após uma irradiação de energias a favor da humanidade, surgiu um espírito chinês e disse-me o seguinte:

"Minha criança, sua casa está cheia de vibrações salutares.
É hora de escrever aquela canção.
A melodia do CHI guiará seus escritos.
A luz dança com o coração amigo.
Esteja pleno, íntegro de sua própria espiritualidade. Faça a canção e agradeça ao TAO".

* * *

Inspirado por ele, pego caneta e papel.

Enquanto escrevo, lembro-me de minhas duas estrelinhas: Heleninha (9 anos) e Maria Luz (5 anos).

Será que elas, um dia, quando adultas, entenderão essa canção feita por seu pai no meio da madrugada, enquanto um espírito chinês ria aqui do lado?

"No céu dos sonhos,
a criança viu o rio amarelo passando
dentro do coração.
Ele serpenteava por entre as ravinas afetivas
até chegar ao mar da tranqüilidade.
Acima, mil brilhos tocavam o céu.
Ela sorriu e algo mágico aconteceu:
peixinhos coloridos saíram das águas
e começaram a brincar com ela.
Uma terna melodia preencheu o ar
e trouxe o doce som da flauta.
No fundo do rio, ela avistava
bilhões de estrelas brilhando.

Quando mergulhava, o rio virava céu
e ela voava contente.
Ao som da flauta, ela via golfinhos e
galáxias dançando na luz.
Ela sonhava e sorria, deslizando nas ondas.
Nadava e voava alegre em meio
às estrelas e peixinhos coloridos.
Ela sabia que era um sonho, mas não ligava.
O importante era estar no coração.
O som da flauta era seu companheiro de viagem.
Ela nadava nas águas do coração e voava
no céu da canção.
Ali, ela sabia da verdade:
Muitos sonhos não são sonhos,
são viagens e canções espiritualistas."

(O mundo continua girando, o tempo segue e a vida continua, na Terra e além...

Por aqui, enquanto muitos engolfam-se em energias viscosas e atitudes mesquinhas, alguns continuam insistindo em vibrar atmosferas criativas em meio à turbulência dos homens. Alguns emanam ondas de ódio e cavam o próprio fosso da dor nas ravinas do coração. Outros emanam idéias espiritualistas, pois é preciso cantar, amar, sorrir e seguir...

Estes escritos são dedicados aos meus pais, que um dia sonharam com uma criança em um rio de estrelas... Ao som de uma flauta, eles trouxeram a criança para o mundo, educaram-na e disseram-lhe:

– Filho, seja honesto. Faça o bem. Nunca desista de seus objetivos e seja digno naquilo que você escolher!)

*(Enquanto passava a limpo esses escritos, rolava aqui no som a terceira música **Shamboo Wokantonka**, do maravilhoso CD xamânico de Oliver Shanti e Friends: **Medicine Power** – Gravadora: Sattva Music – Alemanha – Série: SKV – 017.)*

Falando de Espiritualidade

Visão Dourada

Ainda há pouco, enquanto preparava um material especial sobre hinduísmo, mandalas, chacras e projeção da consciência para uma aula do curso "OM Sattva", lembrei-me repentinamente de meu irmão que mora no Rio de Janeiro.

Ele é aidético e está cego há três anos devido a uma toxoplasmose.

Liguei para ele e conversamos um pouco. Durante nossa conversa, senti que os amparadores estavam mexendo em meu chacra da coroa e transferindo energia para ele.

Fui possuído por uma alegria incrível e minha aura inteira começou a vibrar e se expandir.

Do outro lado da linha, meu irmão começou a rir e não sabia o porquê.

Após nosso papo, permaneci quieto no sofá da sala. Fechei os olhos por um instante e uma onda de energia dourada invadiu meu chacra frontal (parecia uma cascata de purpurina jorrando dentro da testa).

A seguir, olhei pela janela o belo fim de tarde ensolarado.

Preenchido por aquele contentamento sereno, deleitei-me com a visão do horizonte (moro no sétimo andar e não há nenhum prédio em frente obstaculando a visão) iluminado por aquele maravilhoso dourado do pôr-do-sol.

Ao longe, os vidros das janelas de muitos prédios estavam refletindo aquela luz dourada, mais parecendo retângulos de ouro líqüido rebrilhando intensamente.

119

Wagner Borges

Tocado por aquele esplendor do "Rei Sol", lembrei-me do meu irmão cego que nunca mais (pelo menos nessa vida) verá um espetáculo daquele.

Com lucidez serena, ergui os pensamentos ao Grande Arquiteto do Universo, "Pai-Mãe" de todos nós, e agradeci o dom da visão perfeita e a riqueza daquele momento dourado.

Agradeci às luzes espirituais que guiam meus rumos nesta existência e silenciosamente irradiei ondas de alegria na intenção do progresso de toda a humanidade.

Se a luz do sol é capaz de tal esplendor, imagine a ação da luz divina em nosso coração e a luz do Criador gerando o supremo esplendor no coração da própria vida interdimensional.

Como diziam os rishis (sábios) da antiga Índia: "Brahman é o Sol de todos!"

(Aquela alegria permanece comigo e meus olhos são dois sóis. Alguns amigos extrafísicos do grupo de Ramatis estão aqui e a própria atmosfera da minha casa é pura alegria serena.)

Capítulo VI

Falando de Espiritualidade

Falando de Espiritualidade

Falando de Espiritualidade - I

Há muitos místicos querendo ver os mestres ascensionados, mas são incapazes de ver o Seu Joaquim, a Dona Maria, o Carlinhos e o Zeca que moram logo ali e que são seus companheiros imediatos na jornada terrestre.

* * *

Não há como alguém ser dono de si mesmo enquanto sua arrogância for robusta!

* * *

Não há miséria maior do que perder a alegria de ser espiritualista e o brilho de ser simples entre os homens.

* * *

O coração de quem anseia muito não consegue chegar a lugar algum!

* * *

Cada um é responsável por si mesmo e pelos danos que causa aos outros irmãos de caminhada.

* * *

O vento da esperança circula mais facilmente quando encontra uma mente aberta, sem preconceitos, pois ali há bastante espaço.

* * *

Os caminhos do saber podem parecer maravilhosos, mas, se a luz do amor não estiver presente neles, tornam-se becos sem saída. E o que é pior: cheios de tristeza!

* * *

Algumas pessoas sonham em fazer viagens mirabolantes, sejam físicas ou extrafísicas. Contudo, estão muito grudadas em "melecas emocionais" variadas.

É por isso que o único resultado efetivo que conseguem é apenas a "viagem pelas entranhas do próprio ego".

Wagner Borges

Falando de Espiritualidade - II

Alerta aos espiritualistas radicais:

Cuidado com posturas espiritualistas rígidas demais.

Atente para o detalhe de que há muitos materialistas por aí mais flexíveis e de mente mais aberta do que muitos que trabalham na área espiritual.

Rir é um santo remédio, pois dissolve as tristezas, renova as esperanças e descongestiona as energias.

Não dê palpites na vida dos outros. Preste atenção em sua própria vida, pois você já tem buracos demais para consertar em si mesmo.

Evite encrencas.

Seja simples, moderado e alegre com as pessoas.

Flua suavemente no movimento da vida.

Mais vale um materialista que faz o Bem do que um espiritualista que não faz nada.

Sexo também é energia!

Os guias espirituais (amparadores) também são gente, só estão vivendo em outra dimensão. Eles também têm defeitos e estão buscando o equilíbrio. Portanto, não crie "fantasias misticóides" no relacionamento espiritual com eles. Eles estão aí para ajudar. São pessoas extrafísicas incríveis, mas também estão crescendo junto com você.

Não fuja da vida humana normal. Deus está em tudo e o plano extrafísico interpenetra a dimensão humana. Logo, a energia divina também está na vida natural de todos.

Evite o excesso de álcool. Não é proibido tomar uma cerveja ou uma caipirinha, contudo, nunca perca a lucidez por causa do álcool.

Alimente-se adequadamente.

Olhe para fora, mas também olhe para dentro. Deus está no espaço sideral, no interior da Terra, nas pessoas e em você também.

Falando de Espiritualidade

Passeie num parque. Veja a criançada brincando alegremente e a grama verdinha. Às vezes, há mais espiritualidade e energia em um ambiente desses do que em muitos grupos espiritualistas.

Tenha um relacionamento saudável com as pessoas.

Não tente converter ninguém em coisa alguma. Seja democrático e respeite o pensamento dos outros.

Há muitos fazendo caridade para ganhar um lugar no paraíso. Mais vale aquele que faz o Bem sem esperar coisa alguma, pois se sente bem ao agir corretamente, e isso já basta.

O corpo é o "templo da alma", mas é o espírito que dá brilho e movimento a esse templo. Portanto, brilhe espiritualmente nesse "templo-corpo".

Viva de maneira normal e encha todos de Luz!

Escrevendo este texto, lembrei-me do sábio Lao-Tzé. Por isso, recorro a um de seus ensinamentos taoístas extraído do livro TAO TE KING para concluir estas idéias:

"Ainda que tenhas conciliado uma diferença, sempre se esconderá algum traço de rancor.

Como fazer para que tal não aconteça?

O sábio toma a parte esquerda do estabelecido e não se preocupa com o que se faça da parte direita.

Quem em si tem virtude, vigiará seus compromissos.

Quem esconde rancor, vigiará os compromissos alheios.

O TAO do céu não tem parentes favoritos.

Mas sempre acompanha o que age de acordo com a virtude."

Wagner Borges

Fim do quê?

As grandes almas que ajudam invisivelmente na evolução da humanidade não fazem previsões funestas. Em nenhum momento, suas orientações são direcionadas a questões relativas ao fim do mundo.

Seus ensinamentos são direcionados à manutenção da esperança e da Luz Divina que já habita todos os seres. Suas inspirações são para ampliarmos o sorriso, para abrirmos flores em nossos chacras e para fluirmos pela existência com generosidade e bom senso.

Seus ensinamentos são claros: AMOR, AMOR, AMOR... Sua bondade é inigualável e, por isso, eles dizem:

"Avancem no caminho... Estamos abraçando seus espíritos, estamos presentes em seus corações. Nossa alegria é vê-los evoluindo em direção ao afloramento de seus potenciais divinos. Cresçam, meus irmãos! Os medos, profecias e querelas humanas não governam os destinos do mundo. A luz da humanidade está no coração e em seus próprios passos. O destino dos homens já está traçado desde a aurora dos tempos. Ninguém tem alternativa a não ser evoluir..."

Para alguns, esse processo pode parecer demasiado lento. Outros podem argumentar que há pessoas tão maléficas que o único caminho para elas é a destruição. Todavia, é necessário olhar tudo isso com visão ampla, além de meras referências sensoriais-emocionais. É preciso olhar com visão imortal, preciosa e livre de amarras psicológicas. Ninguém morre! Onde, então, está esse fim de que tanto falam e profetizam?

O Universo pode desaparecer, quem sabe? Mas as consciências permanecerão vivas e conscientes. Não temos alternativa: somos imortais! Se, porventura, eu souber de alguma catástrofe mundial, não me abalarei, pois sei que isso já aconteceu antes e estou vivo até hoje!

A Atlântida afundou, mas há tantas pessoas que desencarnaram lá e estão vivas hoje tanto quanto antes!

Não me preocupa o fim do mundo, pois sou imortal. O que me preocupa é o fanatismo e o medo das pessoas. Como gostaria de ver o

Falando de Espiritualidade

fim disso! Vejo muitas pessoas profetizando o fim dos tempos, mas não as vejo falar de imortalidade. Vejo-as ameaçando o mundo, como se fossem "juízes da Nova Era".

Não sei se acontecerá alguma coisa amanhã ou depois, mas sei que meus olhos estão brilhando de compaixão. Não sei o que virá nos dias vindouros, mas sei que no presente momento devo crescer, sorrir, amar e lutar por idéias criativas entre os homens.

Não sou profeta, sou apenas um espírito vivendo por um tempo na Terra. Entro e saio de corpos há muitos milênios e vou seguindo... Se não existir mais este planeta, vou para outro. Já faço isso há um tempão. Terremotos, maremotos, furacões e morte não me perturbam. Se acontecerem mesmo em escala planetária, tenho absoluta certeza de que sobreviverei a eles, seja dentro ou fora do corpo. Aliás, não tenho alternativa mesmo: Deus me fez imortal!

Como eu disse antes, não sei profetizar e também não me considero um eleito espiritual diferente dos outros. Pelo contrário, preciso aprender muito com meus irmãos de caminhada.

Tenho mais simpatia pelo meu amigo Gilmar, balconista da padaria do Seu Manuel, onde almoço, brinco e falo de futebol, do que pelos profetas que falam do fim dos tempos. Muitos deles se acham escolhidos espirituais, diferentes dos outros seres humanos. E, além de ser amigo do pessoal da padaria, também sou amigo de vários seres espirituais e extraterrestres. São eles que me inspiram a sempre veicular idéias positivas ao mundo.

Bom, está na hora de concluir este texto. Acho que vou ali na esquina, na pastelaria do meu amigo japonês que adora conversar comigo sobre aura e vida após a morte. Me deu uma baita vontade de comer um pastel. E que dupla maravilha: o pastel não é iniciado ou extraterrestre e eu não sou um escolhido da Nova Era! Contudo, vou até a pastelaria cheio de alegria e meus olhos estão brilhando, pois neles está a certeza de que sou imortal e o único "finn" que conheço é a marca do adoçante aspartame que uso no cafezinho.

Decisões

Há decisões lúcidas e decisões tristes.

Quando a decisão é lúcida e baseada no bom senso e na paz, não há sofrimento, pois sabe-se que a escolha foi correta.

Porém, quando nossa decisão é tomada sob o prisma da tristeza, isso acarreta várias repercussões psicofísicas, dentre elas o bloqueio energético do sistema cardiorrespiratório (chacras do coração e do pulmão).

Quem quiser definir algo, não poderá prescindir da lucidez.

Tristeza deprime o campo emocional, que, por sua vez, desequilibra a mente e distorce as percepções.

Definir algo exige da pessoa maturidade, reflexão e responsabilidade pelas escolhas. Não pode haver sombra de dúvida nas definições.

Insegurança drena energia, por isso os covardes nunca decidem! Quem vive dividido, vive drenado pela própria indefinição. Se há lucidez, desaparece a tristeza. Surge o sorriso da compreensão, que leva às decisões coerentes com a paz íntima.

Respira-se a atmosfera da consciência correta, plena de segurança no rumo de suas próprias escolhas. Ela sabe o caminho!

Se a consciência é lúcida, ninguém lhe diz o que fazer. Ela conhece sua programação existencial e sabe o caminho por onde vai. Ninguém decide por ela!

Não há grupos, institutos, professores ou sistemas que guiem seu raciocínio.

Quem é lúcido toma muito bem suas decisões.

Quem é fraco deixa-se levar...

Falando de Espiritualidade

Quem sabe o que faz está contente consigo mesmo e com suas atividades. Seus olhos brilham, seus chacras estão acesos, seu parapsiquismo flui, sua consciência se amplia e o sorriso é seu parceiro.

Consciências lúcidas comprovam seu bom nível pelo universalismo e respeito a todas as formas de expressão. Podem até discordar dos outros, mas estão serenas, plenas de compreensão.

Consciências lúcidas não titubeiam! Seus passos são seguros na senda do discernimento.

Trabalham com ética, esclarecimento, generosidade e bom humor.

Estão na sintonia de sua programação existencial.

Não são dadas a exageros nem são ácidas.

Não criticam a maneira de trabalhar dos outros.

Pois está implícito em sua tarefa o esclarecimento que não permite ataques ou mistura de ego no serviço.

Consciências lúcidas não seguem dependuradas na programação existencial dos outros.

Viajam com base na segurança do que sabem fazer.

Em qualquer contexto, farão o que tem que ser feito!

Não têm rabo preso com institutos, doutrinas, centros de estudos, gurus ou pesquisadores.

Seus companheiros são os amparadores extrafísicos.

Não são arrogantes e não se sentem superiores a ninguém, pois isso seria uma atitude anticonscienciológica.

Em suma, quem sabe o que faz toma as decisões com firmeza e segue o caminho com confiança.

Quem é fraco de espírito é escravo da insegurança.

Reflexões Espirituais - I

1. Toda briga fere.

2. O tempo é o grande mestre.

3. Ninguém rompe a cadeia dos erros passados enquanto o orgulho estiver no comando.

4. As algemas cármicas só são rompidas com discernimento e compaixão.

5. Estamos todos no mesmo barco evolutivo.

6. A vida na carne é só por um tempo. Pertencemos ao Infinito.

7. Embora não pareça, por estarmos limitados por corpos densos, somos estrelas e estamos aumentando nosso brilho.

8. Nada nos pertence. Tudo é por um tempo.

9. A Natureza nos emprestou seus recursos e no devido momento vai exigir tudo de volta, inclusive o corpo físico que "vestimos" no momento.

Por sorte, somos imortais e seguiremos além da carne, pois há muito brilho à nossa espera!

10. Ditados herméticos:

"Você veste o vestido para descer e tira o vestido para subir."

"Acorde!

Recorde que você é um homem,

que veio de uma estrela,

que está em uma estrela,

que irá para outra estrela.

Pouse suavemente.

Os mensageiros orientam."

Falando de Espiritualidade

11. Vivemos na mesma essência vital. Negros, brancos, amarelos e vermelhos, viajamos todos no mesmo Amor Cósmico.

12. Somos Luz!

13. A alma não tem cor, mas o racismo tem: a cor da mediocridade!

14. Como dizia o mestre Ramakrishna: "Enquanto vivo, aprendo!"

15. Muitas pessoas têm uma "caderneta de poupança do ódio" e a cada dia elas odeiam um pouco mais.

16. Cuidado com o ego, ele sabota suas melhores oportunidades de crescimento.

17. Há espíritos desencarnados densos que se alimentam exclusivamente das violentas descargas emocionais das pessoas, isto é, "eles vivem energeticamente" do rebotalho emocional da humanidade.

18. É um absurdo, mas é verdade: há muito espiritualista que é racista!

19. Não dá para entender como alguém que estuda carma e reencarnação mesmo assim continua a ser racista.

20. Só há uma explicação para isso: a mediocridade dessas pessoas é muito maior do que seu discernimento espiritual.

21. As emoções não são boas nem ruins, são somente humanas. Ruim é a maneira como lidamos com elas.

22. A alma não nasce nem morre: é eterna! Só entra e sai do corpo. Com base nisso, podemos dizer que todos nós somos extraterrestres, pois terrestre é só o corpo.

23. Na hora de se deitar, imprima em sua mente o seguinte:

"Meu corpo descansará profundamente e pela manhã despertarei extremamente revigorado. Enquanto ele dorme, me projetarei

Wagner Borges

espiritualmente e terei com meus amigos extrafísicos vivências espirituais edificantes e positivas".

Como diz um amigo poeta: "Repouse a embalagem e projete o conteúdo".

24. Você não é um santo, mas também não é um demônio!

Você é apenas um ser humano evoluindo.

Por isso, aprenda com seus erros e siga em frente...

25. O bambu velho é seco e rígido, e sob a força do vento se quebra facilmente.

Já o bambu novo é delgado e flexível, e por isso não se quebra quando o vento sopra.

Pergunta: "Você é rígido nas opiniões e seco de sentimento como o bambu velho ou você é flexível (aberto às mudanças renovadoras) como o bambu novo?

Responda rápido, pois o "vento da vida" já vem chegando por aí...

Falando de Espiritualidade

Reflexões Espirituais - II

1. Arrogância é janta de carma.

2. O traço característico da existência terrestre é a impermanência. Nada na vida é fixo, tudo muda. Estamos por aqui só de passagem mesmo.

3. O sorriso é uma das maravilhas humanas.

4. O Todo está em tudo! A mente cósmica permeia todos os planos de manifestação. Logo, estamos conectados à "Intermente". Estamos *on line* com o Universo e com sua Causa Maior.

5. Senha para alcançar a serenidade: "PAZ E LUZ".

6. Sem Amor ninguém vive...

7. Lei básica da sintonia espiritual: Semelhante atrai semelhante!

8. Parece que o Criador é músico. Ele gosta de dedilhar as cordas sutis do coração. Daí, nasce a música do amor, que toca, inspira e encanta...

9. Quem usa o telescópio do bom senso mapeia as estrelas do discernimento nas galáxias de suas atitudes.

10. Ensinamento do Mestre Aïvanhov: "Essa menina espiritualidade é semelhante à menina bonita do bairro. Muitos dizem que a conquistaram, mas ninguém os viu com ela".

11. Por trás de um rosto bonito há sempre uma caveira. O tempo comprova isso.

12. Ensinamento de Chuang-Tzu: "Vaidade, vaidade...no final só sobra a caveira!"

13. Cuidado! A alma gêmea que você procura hoje poderá ser a pensão que você pagará daqui a um ano.

14. Estudar temas espirituais é maravilhoso. Mas amar, abraçar, compartilhar, sorrir e trocar com as pessoas também é!

15. Mensagem para o ego (meu, nosso, sei lá!):

Wagner Borges

– Quando viemos ao mundo não foi feriado no Universo. Quando partirmos dele, também não será!

16. Algumas pessoas estão doidas para encontrar um mestre ascensionado, um extraterrestre, um guru, um guia espiritual ou alguém que lhes diga o que fazer. Mas sem encontrar o mestre do coração, elas se perdem em misticismos baratos e posturas ridículas.

17. Nome esotérico do apego: "APEGOSMA".

18. Pergunta interessante: Será que o anjo protetor de uma pessoa oriental ou negra é branco e tem cabelos encaracolados e olhos azuis?...

19. Morte: Mudança de endereço interdimensional.

20. Vida: Experiência. Algo a fazer: CRESCER!

21. Ensinamento de um espírito (Vidigal) da Cia. do Amor (grupo de poetas e cronistas extrafísicos):

"Você ama alguém e não é correspondido? E daí? Jesus também o ama e não é correspondido!"

22. Ensinamento de Ramakrishna: "O corpo é a jaula da alma. O cadeado está no coração. A chave para abri-lo é a palavra AMOR".

23. Carma: Espanador de ego!

24. Existe uma plaquinha espiritual dentro do útero da mulher grávida. Ela diz o seguinte: "Bebê a bordo. Cuide direito! Não vem com manual de instruções. Ele se nutre de amor e energia. Dá trabalho criá-lo, mas é legal pra caramba!"

25. Todos nós somos canais interdimensionais do Divino. A luz que brilha nas estrelas é a mesma que brilha em nosso coração.

26. Ensinamento dos espíritos chineses do Tao-Chi: "Quando você sorri, o chi (força vital, energia) circula melhor por sua aura".

27. O Amor é maior do que qualquer disciplina espiritual.

28. Quem viaja em paz pela existência é milionário de consciência.

29. Paz e luz!

Falando de Espiritualidade

Equilíbrio Vital

Um amigo meu pediu-me para escrever algo a respeito do ponto de equilíbrio da vida cotidiana com o estudo espiritual. Segundo ele, há muitos espiritualistas chatos andando por aí.

Isso é verdade! Há pessoas muito bitoladas no estudo espiritual e que, por isso, perderam a capacidade de fluir naturalmente pela vida.

Com base nisso, listei os seguintes passos para quem quer seguir um caminho espiritual sem deixar de "curtir" a vida:

– Transitar pelo mundo sem ser possuído por ele.

– Amar sem perder a identidade e a liberdade de expressão sadia.

– Expandir a consciência e viajar pelo infinito, mas sem perder de vista os compromissos terrenos.

– Elevar os sentimentos além da mediocridade do ciúme, do apego e do medo, mas sem perder a humanidade e a alegria de amar.

– Estudar os temas espirituais, mas sem deixar de estudar os temas pertinentes à vida humana.

– Manter o bom humor sem ser bobo.

– Viver a vida espiritual com intensidade e dedicação, mas sem deixar de viver as coisas sadias da vida humana normal.

– Meditar em temas elevados e buscar uma boa sintonia espiritual é muito importante, mas sorrir, abraçar e beijar também é!

Espiritualidade, quebra do egoísmo, universalismo, cosmoética, música, arte, domínio das bioenergias, contatos extraterrestres, comunicações interdimensionais, corpos espirituais, projeções conscientes, imortalidade, carma, reencarnação e expansões da consciência são assuntos inerentes à pesquisa e vivência de um espiritualista eclético e sensato.

Contudo, o melhor é saber equilibrar a vida espiritual com a vida humana natural. É saber viver com alegria e lucidez, na Terra ou no espaço, no corpo ou fora dele, sozinho ou acompanhado.

Em suma, é ser Paz e Luz na manifestação diária.

O Tao das Flores e do Sol

"Ver o mundo num grão de areia
E um Céu numa flor silvestre,
Ter o infinito na palma da mão
E a Eternidade numa hora."

– William Blake –

O motivo pelo qual tenho certeza da existência de uma Inteligência Absoluta como motivo de toda a existência é que o meu coração sabe disso!

Não preciso de nenhuma teoria ou prova, sinto em mim!

Há duas coisas que podem fazer alguém perceber um amor infinito na existência: o brilho do sol e o abrir das flores.

Quando uma flor abre suas pétalas, é um momento mágico, verdadeira festa da natureza.

Nesse momento único, curvo-me à sabedoria que dá vida à natureza daquela flor expandida.

Penso que o universo é um imenso lótus de Deus em eterna florescência.

Quando assisto ao momento da aurora rompendo as trevas da madrugada, pego-me extasiado diante de tal maravilha.

No momento do crepúsculo, quando o Rei Sol descende na linha do horizonte, percebo-me admirado com os tons de dourado, laranja e vermelho inundando minha visão.

Às vezes, as lágrimas desse momento refratam a luz solar e vejo várias outras cores dançando à minha frente.

Falando de Espiritualidade

Sim, há um amor incomensurável como causa dessa beleza.

É o mesmo amor que sinto em meu coração.

Por isso, a ressonância com a luz do sol e as flores.

Não posso provar a existência desse amor absoluto e nem demonstrá-lo em uma academia cheia de céticos irritadiços e intelectuais arrogantes espumando uma pretensa ciência devastadora da própria natureza.

Não falo de um cara branco, velho e barbudo sentado em um trono celestial e nem de um ser que julga os outros e os manda para o paraíso ou o inferno.

Nem sequer imagino aquela noção antropomórfica e convencional do Criador que os religiosos inventaram por ignorância.

Estou falando do amor que inventou aquela flor e aquele brilho do sol.

Que homem poderia inventar algo igual?

Que cientista poderia elaborar o amor?

Que religioso poderia fazer abrir aquela flor que admiro?

Que religião ou doutrina poderia me fazer sentir um amor vivo pulsando em tudo?

Serei eu um místico só porque amo e tenho coragem e discernimento para assumir esse amor?

O intelectual que elabora técnicas, esquemas e nomenclaturas opulentas, que são incapazes de fazer alguém sorrir e admirar o brilho do sol e a beleza das flores, é realmente inteligente ou é apenas alguém técnico e pretensioso exaltando o próprio ego?

Há alguns intelectuais capazes de explicar os mecanismos de muitos eventos da natureza e da consciência.

Porém, são incapazes de beijar, abraçar e compreender os outros.

São intelectuais, mas são tolos!

Entendem esquemas e técnicas, mas não compreendem as pessoas.

São críticos de tudo, mas tomam de goleada da beleza da flor e dos raios de sol.

E os religiosos, empacados em seus dogmas?

Conseguirão ver o divino na flor?

Conseguirão imaginar que o sol brilha mais do que seus pesados livros de dogma?

O Deus que sinto não pode ser aquilatado pela mente humana. Não pode ser capturado pelo intelecto sequioso de provas e nem pelo coração bloqueado de fanatismo religioso.

No sorriso da criança, nos raios do sol e na luz da lua, nas flores, no beijo, no abraço, na meditação, no amor, na música, na simpatia e na lucidez de sentir além dos pensamentos convencionais, está a prova da existência do divino.

Dirá o intelectual:

"Isso é misticismo!"

Afirmará o fanático religioso:

"Você não entendeu o nosso livro sagrado!"

Por sua vez, a luz do sol e as flores nada dirão.

Não é preciso.

Sua beleza já diz tudo!

Falando de Espiritualidade

A essa altura, lembro-me das palavras do sábio chinês Lao-Tzé (*Tao Te King*; séc. VI a.C.):

"Havia algo amorfo e perfeito
antes do universo nascer.
Era sereno. Vazio.
Solitário. Imutável.
Infinito. Eternamente presente.
É a mãe do universo.
Por falta de nome melhor,
eu o denomino Tao.
Ele flui através de tudo,
dentro e fora, e volta
à origem das coisas".

Também lembro-me do sábio Kabir (Índia, séc. XVI):

"O rio e suas ondas são um mesmo fluxo:
qual a diferença entre o rio e suas ondas?
Quando se crispa a onda, é a água que se eleva;
e quando a onda cai, é novamente e ainda água.
Dize-me, Senhor, a diferença:
por ter sido denominada onda, não mais devemos considerá-la água?
No seio do Supremo Brahman, os mundos alinham-se como contas:
contempla esse rosário com os olhos da sabedoria".

Finalizando estes escritos, digo aos leitores:
Não sou místico, religioso ou técnico em coisa alguma.

Wagner Borges

Estou mais propenso ao sorriso, ao beijo e ao abraço do que a qualquer esquema humano disso ou daquilo.

Leio muito, sempre de mente aberta.

Mas também beijo, abraço e estou sempre procurando um motivo para rir.

Sou capaz de compreender vários mecanismos da consciência e seu parapsiquismo e espiritualidade nata, por exemplo.

Mas, sem piadas, nem pensar!

É que há um amor sutil que me possuiu e não tenho mais como escapar dele ou negá-lo. Por isso, escrevo.

Não pretendo provar coisa alguma, mas espero rir muito, principalmente dos intelectuais cheios de esquemas e nomenclaturas bitoladas e dos religiosos cheios de livros pesados e pouco amor.

Olho para esse pessoal e prefiro a flor e a luz do sol. Nada mais é preciso.

Lembro-me da sabedoria de Sri Aurobindo em *Savitri*, sua obra mais inspirada (Índia, primeira metade do século XX):

"Se no vazio sem significado a criação surgiu,

Se de uma força inconsciente a matéria nasceu,

Se a vida pode se erguer na árvore inconsciente,

E o encanto verde penetrar nas folhas esmeraldinas,

E seu sorriso de beleza desabrochar na flor,

E a sensação pode despertar no tecido, no nervo e na célula,

E o pensamento apossar-se da matéria cinzenta do cérebro,

E a alma espiar de seu esconderijo através da carne,

Como não poderá a luz ignota se lançar sobre o homem,

E poderes desconhecidos emergirem do sono da natureza?

Falando de Espiritualidade

Mesmo agora, insinuações de uma Verdade luminosa como estrelas

Erguem-se no esplendor da mente lunar da ignorância;

Mesmo agora, o toque imortal do Amante sentimos,

Se a porta da câmara apenas estiver entreaberta,

O que então pode impedir Deus de furtar-se para dentro,

Ou quem pode proibir seu beijo na Alma adormecida?"

Há um amor que é a causa de tudo!

A luz do sol e as flores me mostram isso e eu aceitei lucidamente!

Não rezei, só fiquei admirado.

Não vi um velho barbudo lá nos céus me julgando, só vi a flor abrindo e saudando a luz solar.

E isso me bastou!

Meu coração agradeceu e também tornou-se uma flor aberta e cheia de brilho.

Não precisei que algum intermediário humano, sacerdote de alguma religião ou técnico de alguma área consciencial, me explicasse o que apenas uma flor já me mostrou.

E sei, também, que nenhum deles é mais bonito do que a aurora ou o entardecer.

Por isso, digo a vocês:

Não adianta nada estudar temas espirituais, conscienciais e ser incapaz de se maravilhar com eventos simples da natureza.

De que adianta estudar com afinco e não sorrir mais?

De que vale ser técnico nisso ou naquilo e ao mesmo tempo ser chato pra caramba, ter medo de beijar, sorrir e abraçar?

Ainda sou mais a flor e a luz do sol!

Wagner Borges

* * *

Encerro estes escritos novamente com a inspiração do sábio Kabir:

"A harpa deixa escapar murmúrios musicais;
e segue a dança, porém, sem pés ou mãos.
Ela é tocada sem dedos,
é ouvida sem ouvidos;
pois Ele é o ouvido, e Ele é o ouvinte.
A porta está cerrada, mas o interior
recende a perfume: aí acontece
o encontro que ninguém vê.
O sábio o compreenderá".

(A flor me disse espiritualmente:

"Amigo, escreva e fale do amor que os homens esquecem. Deixe que a vida leve estes escritos a quem de direito. Há um perfume invisível neles. Percebendo-o, muitos corações reacenderão as chamas espirituais e voltarão a sentir o toque do infinito. Eles saberão!)

(Estes escritos são dedicados ao mestre Sri Mahendra Nath Gupta, conhecido como mestre Mahasaya – Sri Ma, fiel escudeiro dos ensinamentos de Paramahansa Ramakrishna e um grande amigo espiritual nas lidas da cura.)

Capítulo VII

Tempo de Crescer

Falando de Espiritualidade

Flores e Jóias Sutis

Hamendras estava muito confuso. Seu mestre, Ram Gopal, havia partido para o mundo espiritual e, antes de sair do corpo, disse-lhe:

"Ensinei a você tudo o que eu sei. Não fique triste com a minha partida. Você bem sabe que o traço característico da existência terrestre é a impermanência.

Vivemos sob os auspícios da Mãe Terra apenas por um tempo, mas logo o Pai Espiritual requer nossa volta para o plano estelar.

Vim para a Terra, vivi a experiência humana, trabalhei as emoções, quebrei o ego e equilibrei-me na consciência serena. Agora, volto para a natureza extrafísica surfando nas ondas luminosas do Amor Supremo. Quando se lembrar de minha passagem pela Terra, não faça cultos ou devoções místicas em minha homenagem.

Vá até o jardim mais próximo e veja as flores desabrochando. Elas são minhas irmãs. Observando-as, você transformará sua saudade em alegria. Perceberá que também desabrochei na vida terrestre e espalhei entre os homens beleza, perfume e cores espirituais.

Por favor, sinta-se bem e siga seu caminho com discernimento, amor, alegria e paciência. Voarei agora para casa, pois o Senhor me espera em seu jardim espiritual.

Ah, não se esqueça do nosso ensinamento mais importante: sempre eleve a mente acima das ilusões dos sentidos e abra o coração em agradecimento ao Amor Maior que é a Luz de todos nós.

Quando agradecemos com sinceridade, quebramos o ego e ficamos plenos de alegria transcendental.

Fique em paz, meu filho. Seja querida flor e desabroche as pétalas de luz do seu coração entre os homens."

Hamendras tinha a clarividência desenvolvida e viu o momento em que Ram Gopal desprendeu-se da carcaça física. A seguir, cremou

145

o corpo de seu guru e foi meditar. Sentia-se estranho, dividido. Parte dele queria desprender-se do corpo e seguir o mestre, mas parte dele sabia que tinha um tempo a cumprir na Terra.

Procurando equilibrar-se, lembrou-se de uma prática espiritual que o mestre lhe ensinara. Concentrou-se no chacra frontal e encheu o centro interior da testa de suave luz.

A seguir, deslizou a consciência até a parte interna do peito e visualizou uma linda flor em botão. Suavemente, começou a desabrochá-la com pensamentos de paz e amor. Camada por camada, as pétalas foram se abrindo. Para a surpresa de Hamendras, surgiu, bem no centro da flor aberta, uma jóia brilhante.

Usando o coração como veículo, a jóia comunicou-se sutilmente com ele, pela via das percepções espirituais, dizendo-lhe: "Sou Ananda, a jóia espiritual. Vejo que Ram Gopal ensinou-lhe muito bem. Mas ele era apenas seu mestre externo. Sua função era ensiná-lo como chegar até meu brilho. Agora que me achou em seu próprio peito, cesse a busca externa e a tristeza. Sempre estarei aqui. Quando quiser, é só fazer a flor abrir que surgirei bem no centro dela. E seguindo as intuições que lhe inspirarei, você será uma linda flor entre os homens. Eles não perceberão nosso brilho, mas espalharemos juntos a beleza, o perfume e as cores espirituais. No devido tempo, iremos nos juntar a Ram Gopal nos belos jardins do Senhor, além das luzes da Terra. E aí, meu querido, brilharemos mais e para sempre..."

Desse momento em diante, Hamendras iluminou-se e tornou-se o mestre das flores. Quando alguém perguntava qual era a origem do brilho de seus olhos e de seu sorriso, ele apenas dizia:

"É que uma jóia mora dentro do meu coração, e também porque um dia Ram Gopal ensinou-me a sempre agradecer ao Amor Maior e ser uma flor entre os homens".

OM TAT SAT!

Falando de Espiritualidade

Aulas do Dr. Tempo

O que dizer para alguém com o coração ferido?

Nada! Quem dirá alguma coisa é o Dr. Tempo. Ele é craque nisso!

Sob sua ação, os parâmetros mudam e as feridas cicatrizam. É ele quem ensina que tudo é impermanência!

Quando as brumas da ilusão se desvanecerem, despontará na linha do horizonte do céu do coração o sol da bem-aventurança (ananda) de Brahman.

Preenchido pelo Divino, o coração voltará a sorrir. Agradecerá ao Dr. Tempo pela oportunidade da experiência e dirá para todos:

"Nas ondas da consciência cósmica, mais do que a alguém em particular, amo o amor. É por isso que abraço espiritualmente a todos!

É nas luzes do coração que a sintonia acontece e os caminhos se abrem..."

(Nos bastidores interdimensionais, Brahman diz ao Dr. Tempo:

"Grande Tempo!

O que seria dos homens sem seu concurso?

Haja Tempo!

Pois em qualquer tempo é tempo de aprender e crescer...")

* * *

Ensinamento de Narendra (Swami Vivekananda; séc. XIX, discípulo de Paramahansa Ramakrishna):

"Quando a luz da manhã surge, as trevas da noite se retiram.

No campo da consciência também é assim: quando o discernimento e o amor surgem, as trevas do ego se retiram.

A Mãe Divina recomenda: "Abram o olho espiritual no chidakasam* e percebam o sol divino permeando a alma."

---

* Chidakasam: campo espiritual onde a consciência se manifesta.

Wagner Borges

Viver, Aprender, Sorrir e Seguir...

Se nós, que estudamos assuntos espirituais, objetivando uma evolução consciencial, somos constantemente assolados por pensamentos negativos e emoções confusas, imagine aqueles que nem mesmo sabem disso.

Precisamos ter mais compreensão, lucidez e bom humor com as pessoas e também com nós mesmos.

Afinal, vivemos no mesmo planeta, e apesar das diferenças de pontos de vista de cada um, somos filhos da mesma LUZ. Isto é, somos irmãos, se não em opiniões, pelo menos em essência espiritual.

* * *

Quando nossos corpos densos caírem, viveremos num corpo sutil em outras dimensões.

E, mais além, ao longo da evolução, alcançaremos estados de consciência pura em dimensões sem forma, plenos de serenidade e amor límpido.

Porém, nosso lugar no momento é a Terra. Mesmo que a experiência daqui seja dura, este é o nosso lugar de aprendizado.

Vivenciar as experiências da vida e ainda acrescentar a elas boas doses de radicalismo e mau humor, é colocar mais peso nas provas diárias.

Em vista disso, estudar assuntos espirituais, aumentar a compreensão e melhorar a lucidez e o bom humor são maneiras de melhorar nosso rendimento na escala terrestre.

Como dizia o mestre Aïvanhov:

"O verdadeiro espiritualista é aquele que sabe trabalhar sobre suas dificuldades para delas fazer pedras preciosas".

Resumindo: Não interessam os mortos de ontem, pois eles já se foram. É a nossa vez de viver, aprender, sorrir e seguir...

Falando de Espiritualidade

Idades

Cada pessoa tem uma idade física e uma idade espiritual.

Por exemplo, uma pessoa pode ter 30 anos de idade física e, no entanto, sabemos que, como espírito, ela pode ter trilhões de anos, pois já existia antes do nascimento físico.

Logo, um bebê é um ex-adulto com trilhões de anos de evolução e alguns meses de idade física.

Já um velhinho é uma ex-criança com dezenas de anos de idade física e que está na iminência de ser novamente a criança-adulto-espírito de trilhões de anos espirituais, quando a morte o chamar de volta à cronologia cósmica.

E, assim, o velho ex-criança e a criança ex-adulto movem-se no ritmo da reencarnação, sob a batuta do Criador, que as crianças chamam de "Papai do Céu" e os velhinhos chamam de Deus, Alá, Brahma, Jeová, Tupã e outros.

Já no plano espiritual, o Criador é chamado de "Velho-criança"; velho porque é a sabedoria eterna; criança porque é a esperança renovada a cada experiência e tem sempre alguma novidade para oferecer aos espíritos em evolução. E, sobretudo, porque tem sempre o sorriso terno da criança e a maturidade do ancião em cada olhar.

(Inspirado pelos mestres Aïvanhov e Rama)

Recado dos Irmãos da Natureza

Eis um recado dos espíritos da natureza para aquelas pessoas que estão tristes por causa de um fracasso amoroso:

1. ESPÍRITO DO FOGO:

"Por que os ecos do passado ainda te atormentam?

Não percebeste a passagem do irmão Tempo em tua vida?

Acende o fogo do discernimento em tua alma e queima os detritos de tuas antigas paixões.

Elas são apenas sombras de experiências anteriores."

2. ESPÍRITO DA ÁGUA:

"Queres lavar a dor de tua alma?

Não compreendo teu sofrimento.

O que passou, passou, não volta mais.

Usa a água da maturidade e lava as feridas emocionais."

3. ESPÍRITO DA TERRA:

"Tua tristeza me aborrece!

Gosto de coisas firmes, bem estabelecidas.

Porém, tu pareces mais um caldo de emoções mal-resolvidas.

Onde está tua consistência?

E tudo isso só por causa de um fracasso amoroso?

Falando de Espiritualidade

Ora, meu amigo(a), o passado já era!

Remoer o que já foi é perda de tempo.

Assume o comando do teu coração e toca a vida."

4. ESPÍRITO DO VENTO:

"Por minha ação natural, sou só movimento.

Quando chego, nada fica parado.

Acho estranho tu quereres ficar parado lá atrás, quando a Natureza quer levar-te para a frente, sempre deslizando pela caminhada evolutiva.

Se não quiseres seguir, posso providenciar um furacão em tua vida e forçar-te uma mudança providencial."

5. ESPÍRITO DA ENERGIA:

"Espanta-me ver um ser humano, supostamente inteligente, preso ao passado.

Nem álcool, droga, cigarro ou terapia resolverá teu caso.

Por isso, convoquei o irmão Tempo.

Daqui a pouco ele virá ter contigo.

Ele solucionará teu problema, pois o que a Natureza não faz, o tempo acerta!"

Wagner Borges

Toques do Aeroporto

Dois amigos se encontram no Aeroporto Internacional do Rio de Janeiro.

Um deles pertence a determinada fraternidade esotérica. O outro faz parte da Companhia do Amor e está sempre de bom humor.

O esotérico lhe diz:

– Acabo de chegar de uma viagem mística ao Tibete. Peregrinei pelo Himalaia durante meses e finalmente encontrei meu guia. Ele é um mestre avançado na hierarquia oculta que rege os destinos da humanidade. Ensinou-me várias práticas espirituais importantes e iniciou-me em certo grau esotérico. Estou ansioso para praticar os rituais e mantras que ele me transmitiu. E você? Já encontrou seu mestre?

O amigo da Companhia do Amor ri e lhe diz:

– Sim, encontrei-o dentro do meu coração espiritual. Tem um Himalaia inteiro aqui dentro. Pedi a ele para me iniciar espiritualmente. Ele deu uma sonora gargalhada e ensinou-me o seguinte:

"Os homens são malucos e por isso a vida no mundo é tão agitada, cara. Se você quiser a espiritualidade externa, vá para o Himalaia de fora. Mas, se quiser a plenitude da espiritualidade interior e a alegria da paz na consciência, então vá para o Himalaia de dentro. Vamos escalar o Everest do discernimento e viajar na expansão da consciência de muitos sorrisos. A serenidade e o contentamento estão aqui mesmo, na luz do seu coração. Venha, vamos viajar espiritualmente e rir bastante. O bom humor é nosso companheiro de viagem e o amor é nossa essência vital. Vamos nessa!"

Foi assim que encontrei meu guia. Passei a rir mais e isso ampliou minha lucidez.

Meu amigo, sou iniciado em rir bastante!

Logo depois, os dois amigos se despedem e cada um toma seu rumo.

O esotérico vai para casa praticar suas austeridades espirituais.

O outro fica rindo no aeroporto, apesar de seu vôo para São Paulo estar atrasado.

(Este texto é dedicado a Huberto Rohden.)

Falando de Espiritualidade

Palavras do Tempo

Deslizando pelas areias do Tempo, ao longo de trilhões de experiências, dentro da ampulheta do universo, descobri que o Tempo odeia nosso ego. Ele soterra nossas ilusões sob o peso de toneladas de realidades relativas.

O TEMPO É O GRANDE IRMÃO!

Ele rasga nossos enganos e diz: "Entre na jangada do crescimento e siga..."

Olho o passado e o futuro e só vejo Ele. Então, percebo-O no presente, chamando-me para a vivência do eterno agora da vida.

Deslizo por suas trilhas... sabendo que Ele não espera, mas transmuta tudo.

TUDO PASSA!

Teoricamente, Ele é relativo, mas, na prática, as rugas estão surgindo e as coisas passando e se renovando.

Dizem que Ele não existe, mas estamos viajando com Ele, por um tempo (não resisti ao trocadilho, mas isso passa).

ELE ODEIA O EGO!

Por isso, as rugas e experiências que decepam nossa arrogância e tonteira. Não O conhecemos direito, mas Ele nos conhece profundamente, há muito tempo.

Ele diz: "Nada é fixo, tudo é movimento. A principal característica da existência terrestre é a impermanência das coisas e seres".

TUDO SEGUE!

O cadáver vira pó, o espírito volta para casa, só por um tempo, entre vidas. No entanto, a Terra formará novo corpo à frente e chamará o espírito novamente, por um tempo, entre períodos extrafísicos.

Ao longo do Tempo, entre entradas e saídas de corpos, o espírito perceberá o óbvio: é um viajante da Eternidade!

153

Daí, o Tempo lhe dirá:

"Pois é, leva tempo para aprender isso!"

HAJA TEMPO!

Certa vez, Ele disse a um peregrino espiritual:

"Continue andando, mas sorria mais.

Enquanto você caminha, Eu vou ensinando-lhe algumas coisas.

Uma delas, é que as flores desabrochando são mais espontâneas e sagradas do que os livros que você lê.

A Natureza ensina mais do que os gurus, pastores e sábios do mundo.

Você já notou o sorriso de uma plantinha à luz do sol?

Já percebeu a alegria da mamãe-urso vendo seu filhote todo lambuzado de mel pela primeira vez?

Já conversou com o suave brilho da lua em noites de poesia nos momentos mágicos de amor?

O rugido do tigre, as ondas do mar, seu coração e todos os seres, de raças, religiões e países diferentes, são irmãos planetários.

Em sua caminhada e em seus estudos espirituais, você percebe a UNIÃO?

Seja simples e sorria mais!"

Essas foram as palavras do Tempo, O GRANDE IRMÃO.

No devido tempo, entenderemos...

(Este texto é dedicado a todos os meus amigos, físicos e extrafísicos, companheiros de viagem no tempo das experiências e parceiros de evolução, seja nas ondas da música, no trabalho, em casa, no boliche, nas brincadeiras, nos livros, nas piadas, no amor, no discernimento, nos estudos espirituais e na arte de viver simplesmente.)

Falando de Espiritualidade

Site Espiritual

Há muitas coisas que os livros de história não registraram. Mas, na câmara secreta do coração espiritual, lar do divino potencial, estão registradas as coisas visíveis e invisíveis da vida.

Ali, o espaço-tempo não atua. É a Casa do Transcendental. De sua vastidão interdimensional, percebo a emanação de uma voz sutil que diz: te amo, te amo, te amo...

Possuído por esse sentimento, sinto meu peito se encher de luz e alegria. Começo a rir, pois o meu coração-provedor conectou-me ao *site* do Transcendental. Aproveitando que estou *on-line* interdimensionalmente, teclo "paz e luz" na minha tela mental e irradio invisivelmente essa alegria e amor na intenção de todos os seres.

Os livros de história não vão registrar este momento invisível, mas, na câmara secreta do coração sutil, o Transcendental está sorrindo e registrando as luzes desses pensamentos e sentimentos.

Conectado à rede do Infinito, lembro-me de dois grupos de pessoas:

1. As pessoas que estão cadastradas em nosso *site* e recebem semanalmente, via *e-mail*, os nossos textos projetivos e espiritualistas.

2. As pessoas com quem eu converso sobre temas espirituais nas salas de bate-papo da Net.

Teclo "espiritualidade, maturidade, lucidez, alegria, amor, universalismo e energias saudáveis" na tela mental e envio espiritualmente para todos eles. Vou navegando e sorrindo, pois o meu coração-provedor conectou-me ao *site* do TODO (Deus, Brahman, Alá, Jeová, Tupã, Zambi, Grande Arquiteto do Universo; tanto faz o nome, já que Ele está em tudo).

No *site* do infinito, todas as coisas visíveis e invisíveis podem ser acessadas. Ali, tudo é UM.

Wagner Borges

O Caminho da Experiência

Há um caminho que não pode ser ensinado a ninguém: o caminho da experiência! Ele é feito de vivências práticas no cotidiano da vida.

Cada um tem seu rumo, sua escolha e suas conseqüências. A ascensão evolutiva do ser é realizada através de sucessivas vidas, dentro e fora da carne, em vários contextos de aprendizado. Logo, cada um deve realizar em si mesmo o desenvolvimento de pensamentos claros, o equilíbrio emocional e o domínio das próprias bioenergias.

Ninguém pode realizar esse desenvolvimento no lugar de outro ser. É valor evolutivo; é testemunho pessoal; é iniciação contínua; é trabalho a ser feito; é a ampliação da consciência; é o 'vir a ser' de cada um.

Na caminhada evolutiva, vários seres avançados podem ensinar valores conscienciais sadios à grande massa humana que tateia desnorteada pelas provas da existência terrestre.

Porém, se os mestres espirituais podem indicar bons princípios, nem mesmo eles podem tirar do ser em evolução a oportunidade do aprendizado e o mérito da vivência. Nenhum mestre, guru ou instrutor espiritual pode viver por alguém. Eles podem até sacrificar a própria vida por alguém, mas não podem dar aquilo que só a experiência pode dar:

A MATURIDADE QUE É FRUTO DA VIVÊNCIA!

Capítulo VIII

Céu do Coração

Falando de Espiritualidade

Viagem ao Céu do Coração

Amigos,

Fiz uma maravilhosa viagem espiritual. Peguei o avião da sabedoria e voei pelo céu do coração. As asas da aeronave eram feitas de puro amor. Suas hélices giravam movidas por sublimes aspirações espirituais.

Do alto, avistei as praias do coração. Vi as ondas de Brahman perfurando as camadas do ego e chegando placidamente nelas.

Olhei a extensão infinita do oceano de sat-chit-ananda e vi golfinhos-alegria saltando na água e baleias-shakti esguichando OM TAT SAT.

Voando por aquele maravilhoso céu e admirando o oceano de bem-aventurança, lembrei-me dos ensinamentos de Ramakrishna e Yogananda. Em épocas e contextos diferentes, os dois mestres ensinaram que a verdadeira iniciação começa no coração espiritual tocado pela onipresença do Amor Divino.

Pelas vias da consciência cósmica, eles perceberam o Sol do Amor despontando no horizonte do céu do coração. Foram possuídos por esse Amor. É por isso que seus olhos brilhavam com tanta doçura-consciente.

Eles viajavam pelo céu do coração na aeronave da sabedoria. E, quem viaja por ali, sabe que sem amor ninguém segue...

"O Universo interior brilha mais do que o Universo exterior, pois no céu do coração há mais estrelas."

Dançando com a Luz

Cara amiga consciência,

Pela graça de Deus, comunicamo-nos com você, pelas vias espirituais.

Habitamos em você há muito tempo.

Acompanhamos sua trajetória há muitas vidas.

Evoluímos com você!

Giramos, brilhamos, pulsamos e amamos com você.

Nós somos seus chacras, seus companheiros energéticos.

Convertemos as energias, de fora para dentro, de dentro para fora, e distribuímos a vitalidade em seus corpos.

Dançamos com a luz em seu interior.

Somos pequenos sóis sob a ação de seus pensamentos e sentimentos.

Gostamos de vê-la feliz!

Nosso brilho transmite uma canção de luz.

Cantamos espiritualmente as bênçãos do amor em nossos centros vitais.

Somos as flores espirituais desabrochando nos jardins de suas vidas.

Não se esqueça: Cantamos e dançamos na luz e só queremos vê-la feliz.

Por favor, brilhe muito e agradeça a Deus por todas as oportunidades na luz.

Falando de Espiritualidade

Sonhos e Vôos

Alguém lhe disse no sonho:
"A vida não espera. Ame agora!"
Ele despertou e tentou se lembrar.
Sua mente estava enevoada,
mas parte de seu ser emanava algo diferente.
Ele sabia: o sonho revela as mil faces de um aviso.
No sonho, tudo é possível.
Muitas vezes, a consciência voa...
Ele ouviu a canção do anjo e sorriu.
O som dos passos espirituais ecoou em seu coração.
Ele fechou os olhos e viu o anjo à sua frente.
Um amor silencioso tocou-lhe a consciência.
Ele se lembrou de que a vida não espera.
Ame agora!
Ele sabia que os anjos visitam os homens nos sonhos mais secretos.
Disse-lhe o anjo:
"Os anjos voam e entram nos sonhos, mas os homens também!
Ame agora!
A vida segue e é possível voar.
O amor é o guia dos anjos e dos homens, nos sonhos e nas vidas.
Mesmo que o mundo não entenda, ame agora!
Sonhe, viva e voe..."
Então, ele novamente adormeceu e voou com o anjo.
Ele sabia: os anjos voam... e os homens também!
AME AGORA!

(Esta canção é dedicada a todas as pessoas que sonham e trabalham por um mundo melhor e que sabem voar nas asas do amor pacífico e silencioso, o verdadeiro transformador da consciência.)

* * *

"O sutil é perene. O grosseiro é transitório.
Entretanto, só os sábios percebem a diferença.
Por isso, eles brilham através do tempo:
Eles sabem!"

(Trecho extraído do livro "Viagem Espiritual III")

Wagner Borges

Meu Pensamento Voa pelas Estrelas...

Alma amiga,

Há muito espero por você, sentindo-a à distância, esperando sua presença em mim.

Vamos nos tocar e limpar as trilhas do coração.

Vamos juntos à casa do enlevo. Brilharemos na imensidão do coração, somando as cores de nossa alegria.

Vamos viajar no ouro da consciência, unindo nossas almas em plena expansão.

Somos luz no sentimento, em completa harmonia.

Ainda bem que você está aqui, pois as rosas estão desabrochando bem na minha frente.

O passado já se foi e o seu eco não me incomoda. O presente está aqui, junto com você e as flores, na morada do meu coração.

Vamos seguir juntos no fluxo vital da criação, tocando sutilmente a alma de todos os seres com o nosso sentimento.

Meu pensamento voa pelas estrelas...

Venha comigo, pois as estrelas e as flores são nossas amigas.

Alma amiga, felizmente você veio, e agora eu sei que era para ser assim mesmo!

Vamos fundir nossas almas na luz do bem e seguirmos além... evoluindo em conjunto. Sejamos homem-mulher-rosa-estrela em um coração só!

(Escrevi este texto num lampejo de inspiração em um dia de inverno de 1996. Na época, não sabia o motivo de ter escrito isso. Hoje eu sei! Transcrevendo-o agora, lembrei-me de um maravilhoso poema de um escritor francês, que é um adendo excelente a este texto.)

Falando de Espiritualidade

Declaração dos Direitos
do Homem e da Mulher ao Amor

Encontrar-te sem te seduzir

Desejar-te sem te possuir

Amar-te sem te invadir

Falar-te sem te trair

Olhar-te sem te devorar

Engrandecer-te sem te perder

Acompanhar-te sem te guiar

e, assim, ser eu mesmo

no mais fundo de ti.

— Jacques Salomé —

* * *

Mergulhado numa profusão de luzes, cores, vibrações e sentimentos que trafegam por minha aura, lembro-me das pessoas amarguradas e dos desvalidos emocionais de todo tipo.

Penso nos que clamam por vingança e naqueles que estão intoxicados de ódio e melecas emocionais variadas.

Eles estão padecendo de asfixia afetiva, pois seus chacras do coração estão bloqueados ao mais simples sorriso.

Também me lembro dos arrogantes que não se permitem amar. Eles têm medo da troca, da vulnerabilidade que é a entrega ao outro e do poder de transformação do amor.

Wagner Borges

Também penso naqueles que padecem de paixões doentias, em que seu suposto amor não passa de delírios emocionais que só causam dor. São presas de obsessões psíquicas e "monoideísmos" esquisitos.

Penso em como é difícil perdoar, sorrir e seguir...

Possuído por sentimentos brilhantes, que só aumentam a lucidez, a alegria e a espiritualidade, lembro-me de um texto do padre cristão Anthony de Mello, extraído do livro *O Enigma do Iluminado*, editora Loyola:

"O amor não é uma relação. É um estado de ser. O amor existia antes de qualquer ser humano. Antes de você existir, o amor existia. Eu disse a vocês que, quando o olho está desobstruído, o resultado é a visão. Você não pode fazer nada para conseguir o amor. Se você compreendesse os seus deveres, apegos, atrações, obsessões, predileções, inclinações, e se desprendesse de tudo isso, o amor apareceria. Quando o olho está desobstruído, o resultado é a visão. Quando o coração está desobstruído, o resultado é o amor".

* * *

Há um pergaminho de luz em nosso coração espiritual.

Podemos escrever palavras de amor e paz em suas páginas.

Tudo depende do que buscamos em nossos pensamentos, sentimentos e ações.

Nossas energias sintonizam-nos com outras consciências.

Algumas delas estão dentro de um corpo físico. Outras, mais além, em corpos espirituais, nas dimensões extrafísicas.

Influenciamos e somos influenciados uns pelos outros, em constantes interações interdimensionais.

Não caminhamos sozinhos.

Falando de Espiritualidade

Somos cidadãos cósmicos, o universo é nossa pátria e o coração é nossa casa.

Mesmo em meio a todas as turbulências da vida humana e de estarmos expostos a todo tipo de problemas, ainda há espaço para amar, sorrir e viajar... num texto, no céu do coração, num poema, na espiritualidade, num abraço, numa música ou nas asas da inspiração.

Estamos permeados por um amor incomensurável, mas, abafados por questões variadas, não percebemos isso normalmente.

É nessa hora que um texto, uma música ou alguém que amamos faz com que nos lembremos de alguma coisa transcendente. Daí, percebemos uma canção serena propagando-se em nossos centros vitais.

E, apesar de tanta encrenca, dentro e fora de nós, essa canção sutil diz: "te amo, te amo, te amo... *forever!*"

Concluindo estes escritos, deixo aqui a palavra inspirada de Paulo de Tarso, a grande voz de Jesus na Terra, que também escutava a canção de amor dentro de seu coração e transformou a própria vida por isso.

* * *

O Amor é o Dom Supremo

(Coríntios l, cap. 13; versículos 1 a 13)

E eu passo a mostrar-vos ainda um caminho sobremodo excelente.

Ainda que eu fale as línguas dos homens e dos anjos, se eu não tiver amor, serei como o bronze que soa ou como o címbalo que retine.

Ainda que eu tenha o dom de profetizar e conheça todos os mistérios e toda a ciência; ainda que eu tenha tamanha fé, a ponto de transportar montes, se não tiver amor nada serei.

Wagner Borges

E ainda que eu distribua todos os meus bens entre os pobres e ainda que entregue o meu próprio corpo para ser queimado, se não tiver amor, nada disso me adiantará.

O amor é paciente, é benigno; o amor não arde em ciúmes, não se ufana, não se ensoberbece, nada se faz de inconveniente, não procura os próprios interesses, não se exaspera, não se ressente do mal; não se alegra com a injustiça, mas se regozija com a verdade; tudo desculpa, tudo crê, tudo espera, tudo suporta.

O amor jamais acaba; mas, quanto às profecias, desaparecerão; quanto às línguas, cessarão; quanto à ciência, passará; porque o nosso conhecimento é limitado, e limitada é a nossa profecia.

Quando, porém, vier o que é perfeito, então o que é limitado será aniquilado.

Quando eu era menino, falava como menino, sentia como menino, pensava como menino; quando me tornei homem, desisti das coisas próprias de menino.

Porque, agora, vemos em espelho e de maneira confusa. Mas, depois, veremos face a face.

Agora, meu conhecimento é limitado, mas, depois, conhecerei como também sou conhecido.

Agora, pois, permanecem a fé, a esperança e o amor, essas três coisas. A maior delas, porém, é o amor.

– Paulo de Tarso –

* * *

Certa vez, um amparador hindu disse-me:

"Quando o coração fala ao coração, não há mais nada a dizer!"

Pensando nisso, meus olhos e meu coração parecem sóis agora.

Falando de Espiritualidade

Se os seres humanos podem amar e inspirar-se espiritualmente, o que dirá o Criador, fonte maior de todo amor e inspiração?

O amor nutre, esclarece e conforta.

É a inspiração de tudo. É a luz do coração.

É o que faz o espírito evoluir e transcender. É o que vale a pena!

Meu pensamento voa pelas estrelas...

"Há uma luz que brilha mais do que bilhões de sóis juntos. É a essência da alma!

Essa é a luz que brilha no coração."

(Estes escritos são dedicados às pessoas corajosas e fortes de espírito, pois só elas agüentam o tranco da transformação causada pelo amor em seu coração.)

*(Enquanto escrevia tudo isso, rolavam no meu som dois CDs **new age** maravilhosos de Philip Chapman, pura expressão de amor em forma de música:*

*• **Fantasia**; gravadora New World Music; série: NWCD-178.*

*• **Dream Maker**; gravadora New World Music; série: NWCD – 435.)*

Estrelinha no Lótus Azul

Durma em paz, minha criança.

Está chovendo e lá fora faz muito frio. O mundo espiritual a está chamando.

Imagine que sua cama é uma imensa e linda flor-de-lótus azul.

Daqui a pouco, o menino Krishna virá. Se você observá-lo com atenção, verá bilhões de estrelas nos cachos de seus cabelos. Elas são suas irmãzinhas. Antes de nascer, você também morava ali.

Um dia, Krishna pegou-a e aninhou-a no céu do coração de uma mulher que sonhava.

Quando ela despertou, sentiu uma sensação diferente. Pela intuição, ela percebeu que havia uma estrelinha no firmamento de sua vida. Ela estava grávida e você era a estrelinha!

Querida, você trouxe brilho à vida de sua mãe, tornando seu coração um Sol de amor.

Você veio à Terra por um tempo de vida.

Se não se esquecer de seu brilho nem de sua origem espiritual, poderá materializar no mundo dos homens tristes os seus sonhos de estrela.

Seu corpo crescerá, envelhecerá e irá embora um dia... Krishna a levará de volta ao seu jardim estelar. Mas, enquanto isso, você brilhará na vida de muitas pessoas.

Haverá muitos momentos em que seu brilho vacilará sob o assédio do medo. Porém, nas horas de dor, se você se lembrar do lótus azul e do menino Krishna, seu brilho estelar se restabelecerá.

Amiga estrelinha, durma que eu a protegerei.

Embalarei seu sono enquanto o Senhor não chega.

Falando de Espiritualidade

Daqui a pouco, Ele a levará para fora do corpo, só em espírito, puro brilho, para brincar no céu das crianças.

Os poetas, os músicos, os escritores inspirados e os mestres espirituais também estarão lá. Eles viajam espiritualmente por esse céu em busca da inspiração celeste. Muitas canções nascem ali.

Ah, se os homens dormissem pensando no amor! Também eles viajariam pelo céu da alegria. E a inspiração moraria sempre com eles... A vida na Terra seria uma bela canção, sem técnica de viver, sem drama de amar, sem a ânsia de ter... apenas uma vida-canção brilhante e pacífica.

Querida, você crescerá e se esquecerá dessas verdades luminosas. Mas, em seu coração, você saberá!...

No silêncio interior de seu brilho estelar, além dos sentidos da carne, você se lembrará do lótus azul de Krishna. E Ele guiará seus passos na Terra dos homens tristes e sem brilho. Um dia, você voltará para os cabelos encaracolados do Senhor.

Durma em paz, filha-luz, pois o Senhor incumbiu-me de protegê-la e inspirá-la.

Eu sou Vyasa*, seu mentor-estrela nos caminhos da vida. Enquanto Krishna não chega, sinta o perfume do lótus... e ame com brilho!

---

* Vyasa: sábio mentor espiritual hindu.

Só o Amor

O amor é maior do que todas as civilizações esplendorosas da Terra, do passado ou do presente.

É mais brilhante do que todas as religiões.

É mais sagrado do que todos os livros sagrados.

As civilizações e realizações do homem na crosta da Terra são temporárias. Elas florescem e decaem inexoravelmente ao longo dos ciclos. Só o amor permanece! Se não visível no mundo externo, pelo menos visível e sensível no coração espiritual de quem ama realmente.

É só o amor que nos leva...

Ele revela, esclarece, transcende, apazigua, realiza e segue...

É o brilho da vida eterna.

É a paz silenciosa, impensável aos olhares e pensamentos cinzentos.

É a inspiração veraz!

É paixão perene, emanando bênçãos invisíveis inter-dimensionalmente.

É o amor que faz alguém escrever e alguém ler. E, mesmo em lugares e épocas diferentes, a mensagem será compreendida. Seus corações estarão em sintonia.

É só o amor que nos leva... *forever!*

(Estes escritos são dedicados a Sidarta Gautama, o Buda, pura compaixão interdimensional.)

Falando de Espiritualidade

A Chegada de Ananda

Venha, minha criança, já é quase hora.

O mundo a chama para a experiência.

O renascimento corpóreo suscita muitas sensações estranhas à alma, mas, venha confiante, pois a vida a chama.

TEM GENTE ESPERANDO VOCÊ!

Venha, querida, a LUZ DO AMOR a guiará pelas entranhas da Mãe Terra.

Segure na mão de Krishna e atravesse as barreiras interdimensionais como um raio.

Venha viver conosco o seu tempo de aprendizado e venha realizar seus sonhos.

Diga ao poeta que, no céu das crianças, os espíritos luminosos cantam todo o tempo.

Não sei qual é a sua canção, minha criança, mas sei que é hora de vir cantá-la no céu dos homens da Terra.

Siga a luz e venha, pois você tem amigos aqui também.

Que Krishna abençoe a sua jornada e a transforme em artista-iogue também.

(Esse texto foi escrito após eu ter me comunicado espiritualmente com a menina Ananda, ainda dentro do ventre da mãe (minha amiga Eline, artista e professora de ioga), dias antes do seu renascimento físico.)

Carona Espiritual

Krishna,

Um de seus amigos espirituais esteve comigo horas atrás e até agora o apartamento onde moro está permeado por energias maravilhosas.

Há clarões por toda parte e parece que até as paredes estão felizes sob o influxo dessas luzes benfeitoras.

Esse amigo, mediante um sutil toque em meu chacra frontal, induziu-me, em fração de segundo, a duas visões retrocognitivas*.

Na primeira delas, vislumbrei uma vida passada em que meu corpo jovem pereceu por afogamento durante a cheia de um rio.

Logo a seguir, vi a mim mesmo (em fins do século XIX), escrevendo um texto que falava de seus ensinamentos, contidos no *Bhagavad Gita*.

Percebi, então, que ao longo dos séculos, você e Jesus sempre me impulsionaram sutilmente na lida espiritualista.

Vi que, nos momentos em que pensei estar sozinho, vocês estavam velando por mim de outras dimensões.

Em centenas de cursos, palestras e reuniões espirituais, e mesmo sem sair de suas dimensões, vocês estavam junto comigo o tempo todo, trabalhando no esclarecimento das consciências.

Quando pensei haver feito o melhor, na verdade, eram vocês, impulsionando-me invisivelmente.

Quando falhei, era eu mesmo, movido pela obscuridade do ego que não me deixou perceber suas vibrações construtivas.

---

* Visões retrocognitivas: visões do passado; visões de outras vidas; visões oriundas de regressões de memória. Uma vez, Ramakrishna me disse: "Tolos são aqueles que não percebem as ondas dos avatares do Senhor chegando nas praias do coração espiritual".

Falando de Espiritualidade

A realidade é que venho "pegando carona" em suas vibrações há muito tempo.

Acho que é isso mesmo! As pessoas têm a maior riqueza dentro de si mesmas, mas estão pobres e atordoadas no caminho espiritual.

Felizes são aqueles que despertam o próprio potencial, livram-se das porcarias do ego e trabalham com você e com Jesus a favor do Bem de todos.

Seu amigo já se foi, mas as vibrações positivas ainda estão aqui.

Permita-me levar às pessoas um pouco dessa luz e compartilhar com elas a alegria de saber que não sou um mestre espiritual, mas apenas alguém que "pega carona" no amor de Krishna e de Jesus.

Como disse Ramakrishna: "Que o ego de todos os estudantes espirituais se dissolva perante a luz do Amor do Senhor que a tudo toca".

OM TAT SAT!

Wagner Borges

Exercício das Flores

Antes de mais nada, procure elevar seu pensamento até seus amparadores, em uma sintonia amorosa e elevada, ideal para a prática deste exercício.

Coloque uma sementinha em seu chacra umbilical. Essa sementinha é alimentada com sua **alegria**.

Irradie, então, muita alegria para essa sementinha até que ela se transforme numa linda flor. Visualize o seu desabrochar, sempre alimentado pela sua alegria.

Coloque outra sementinha em seu chacra do coração. Essa sementinha é alimentada com seu **amor**.

Irradie muito amor para ela, que aos poucos transforma-se em outra flor.

Coloque outra sementinha em seu chacra frontal. Essa sementinha é alimentada com sua **luz**.

Exteriorize, então, muita energia luminosa para que essa sementinha possa se desenvolver e se transformar em outra flor.

Você está agora com três lindas flores (da cor que você desejar), uma no chacra umbilical, alimentada pela sua alegria; outra no chacra do coração, alimentada pelo seu amor, e mais uma no chacra frontal, alimentada pela sua luz.

Imagine, agora, que começa a cair sobre você uma chuva de pétalas de flores.

Sinta o doce toque dessas pétalas em seu rosto e em seu corpo.

Procure absorver o aroma agradável e a energia que elas irradiam.

Agora, visualize uma chuva de pétalas sobre o planeta Terra.

Falando de Espiritualidade

Imagine como o planeta fica lindo, todo coberto de pétalas coloridas.

Deseje que, de alguma maneira, sua chuva mental possa colaborar para a paz entre os povos; afinal, flores não combinam com guerra...

E, por fim, escolha uma pessoa que você sabe que está precisando de ajuda. Mentalmente, imagine essa pessoa na sua frente.

Dê-lhe de presente uma linda flor, revestida com sua alegria, seu amor e sua luz.

Deseje que, de algum modo, essa flor possa ajudá-la no que ela precisar e procure imaginá-la alegre, com saúde e em paz!...

Paz e luz!

– Nair Cortijos –

Capítulo IX

Toques Xamânicos

Falando de Espiritualidade

Flores-Brilho

Quando o homem for capaz de ouvir o som das flores, então seu coração estará aberto para outras realidades transcendentais.

Quando o brilho do sol for visto como beijo da vida, então o homem comungará melhor com o prana.

Quando desaparecer o orgulho, os homens dirão com certeza: "Somos filhos da natureza!"

Que o Grande Espírito possa promover uma chuva de amor no terreno de nossos corações.

Que as mágoas sejam lavadas e os dias cinzentos da alma diluídos pela Grande Luz que tudo cura e reconstrói.

Que as pessoas ouçam os sons das flores, com a percepção do coração.

Quando a vibração da luz dos homens for mais leve e simples, o próprio coração humano será uma flor e a humanidade um lindo jardim de "pessoas-flores", irrigadas pela paz do Grande Espírito.

— Um índio extrafísico —
(Texto recebido espiritualmente)

Wagner Borges

Filhos de Manitu*

Certa vez, Águia Dourada, o homem da magia, reuniu toda a tribo e ensinou a arte do vôo da vida, dizendo:

"O corpo do homem pertence à terra. Mas seu espírito é filho do vento. Seus sentimentos se assemelham ao movimento das águas. O brilho de seus olhos é o fogo de seus objetivos. O Grande Espírito deu-lhe a eterna força vital. Por isso, nem a morte ou ser algum pode danificá-lo.

Seja pelas asas do sono ou pela ação da morte, o corpo fica passivo. Mas o espírito segue com o vento, além das montanhas. São as viagens à casa de Manitu, além das estrelas, nas pradarias do céu.

Ouçam, meus irmãos: que seus corpos honrem a terra, Mãe da humanidade. Que seus sentimentos bons tenham a profundidade e a vastidão dos oceanos. Que o fogo de seus objetivos nunca se apague. Que a força do irmão vento possa impulsioná-los às terras extrafísicas.

O tempo passará e muitas coisas acontecerão à frente, mas ninguém conseguirá apagar a luz do Grande Espírito. Nenhuma força do universo pode alterar os desígnios de Manitu.

Olhem dentro do próprio coração e não temam o mal. Nossos corpos voltarão à terra, mas nossos espíritos irão à casa de Manitu.

Mas um dia voltaremos com novos corpos e expressões diferentes.

Os próprios homens brancos nos receberão como parentes reencarnados. Outros receberão nossas forças espirituais em seus trabalhos; serão herdeiros de nossas tradições.

Viveremos sempre, meus irmãos! Este é o dom que Manitu nos deu: somos imortais! Nenhum canhão despedaçará nossos espíritos.

---

* Manitu: designação que os índios algonquinos, dos EUA, dão a uma força mágica não personificada, mas inerente a todas as coisas, pessoas, fenômenos naturais e atividades.

Falando de Espiritualidade

Ouçam o uivo do coiote transportado pelo vento do deserto. Nossas crianças ficam com medo, mas nós, os homens adultos, sabemos que é apenas o uivo do coiote.

Essa também é a diferença entre o tolo e o sábio. O primeiro se assusta facilmente com as dificuldades. O segundo sabe que são só provas do caminho, uivos da vida, mesmo.

Voltaremos, meus irmãos, como irmãos, filhos de Manitu. E esses homens de amanhã transmitirão nossa mensagem. Serão os Águias-douradas do futuro. Seus corpos continuarão sendo da terra, mas seus espíritos voarão com o vento, pois é esse o desígnio de Manitu."

O tempo passou... E estamos vivos! Canalizamos as forças da natureza para os bons trabalhos espirituais dos homens de todas as raças. Somos irmãos. E essa é nossa missão, pois são os desígnios de Manitu.

– Black-white Snow –
(Texto recebido espiritualmente)

Wagner Borges

Contatos Interdimensionais
(Verita e o Ancião dos Cavalos)

Ainda agora, durante um trabalho de energia aqui em meu quarto, percebi pela clarividência um velho índio desencarnado. Ele estava com um chapéu bem surrado e acariciava um cavalo. O animal estava preso num estábulo e parecia ver o espírito. Pelo seu jeito, estava gostando do carinho que recebia.

Mentalmente, saudei o velho índio. Ele fez um gesto com a mão direita e pediu-me para ficar quieto e esperar por uma visão do Grande Espírito (nome pelo qual vários povos indígenas chamam o Criador). Permaneci no mesmo estado tranquilo em que estava e fiquei observando suas carícias no animal.

Em dado momento, deixei de percebê-los e uma outra imagem se formou em minha tela mental. Dessa vez, era uma casinha simpática, rodeada por um belo gramado e circundada por belas montanhas verdejantes. Uma luz suave preenchia esse ambiente. A sensação era de paz e vitalidade, integrados na atmosfera daquele lugar.

Bem no meio do gramado surgiu a minha amiga Verita (foi morar no plano extrafísico há três dias, aos 67 anos). Ela sorriu para mim e disse:

"Diga para o pessoal que aqui é o meu lugar e que estou ótima. A vida aí na Terra é 'mata brava'. Aqui é pura paz na relva."

Ela me dizia isso mentalmente e rolava na grama igual criança.

Perguntei-lhe se havia recebido as vibrações que eu havia enviado em sua intenção na noite anterior.

Ela disse:

"Claro! Um dos espíritos hindus da turma do Ramatis (ela era apaixonada pelo espírito Ramatis) trouxe-me ontem um buquê de

Falando de Espiritualidade

flores e disse-me que elas eram a expressão de suas energias em minha intenção. Adorei, Wagner. Agora, não se esqueça de ligar e avisar o pessoal de que estou muito bem aqui neste lugar."

Ela se afastou rindo, em meio àquele ambiente maravilhoso.

Não vi outros espíritos por lá, mas por intuição sabia que havia uma consciência extrafísica avançada invisível a nós, supervisionando aquele nosso contato.

A seguir, a imagem do lugar se diluiu e voltei a ver o índio e o cavalo. Ele me olhou nos olhos e disse:

"Sou o ancião dos cavalos. Estou por aqui desde os velhos dias. Já vi muita, muita coisa mesmo. Mas o que mais me encanta é a simplicidade da vida. Como a natureza ensina!... Perceber a luz do Grande Espírito na grama e nas estrelas. Fazer carinho neste soberbo animal e admirar a doçura de seus olhos. Em sua inocência, ele me vê e sabe o quanto o amo. Se os homens soubessem o quanto os animais vêem espíritos... Para eles isso é natural; estão sem travas psíquicas e nem acumulam as mágoas que entorpecem o coração. São eles, a natureza e sua inocência.

Ainda agora, você percebeu certos efeitos energéticos no céu e parou para refletir sobre seu significado. Fez muito bem em meditar. O vento e a água (havia uma atmosfera de vento úmido dentro do quarto) deram de presente a você a imagem de sua amiga no outro lado da vida. Ela agora está onde sempre desejou estar! Avise seus amigos e diga-lhes de sua felicidade no novo lugar.

Também diga às pessoas que amam os animais que as mãos espirituais do ancião dos cavalos estão sempre cheias de luz e prontas para trabalhar a favor da cura dos bichinhos do Grande Espírito. A arrogância dos homens é tão grande que nem lhes ocorre o pensamento de que os animais também têm seus protetores espirituais.

Aproveitando que você é um irmão que escreve, dê um recado desse amigo dos bichos aos homens:

Diga-lhes que silenciem o ego e seus tormentos e escutem as mensagens do vento e da chuva. Eles cantam e comunicam verdades sublimes aos corações receptivos.

O Grande Espírito toca sua canção em qualquer canto, mas só os animais e os homens de coração aberto é que percebem suas doces harmonias.

Fique na luz, meu irmão!

O ancião dos cavalos irá agora passear pelos campos do Grande Espírito e aprender com os elementos da natureza as artes da cura espiritual.

Nós nos veremos outras vezes, em um desses cantos da irmã chuva ou em uma das mensagens do irmão vento.

Paz em seu coração! E aos seus leitores também!"

– Ancião dos Cavalos –
(Texto recebido espiritualmente)

Falando de Espiritualidade

Nas Ondas de um Amor Sem Fim

Olá, amigo leitor!

Há uma onda de amor que ajuda a todos invisivelmente. Costumo percebê-la mais intensamente nas horas em que estou envolvido em alguma atividade espiritual.

Na meditação, num trabalho de irradiação silenciosa de energias para a humanidade, antes de uma palestra ou curso, na hora em que estou falando na rádio ou apenas escutando música ou pensando algo bom.

Chamo essa onda sutil de "O AMOR QUE GERA A VIDA".

Às vezes, percebo sua presença como uma imensa massa de luz rosa interpenetrando tudo.

Outras vezes, é uma energia branco-prateada banhando a tudo e a todos. Sinto sua presença interdimensional trabalhando em silêncio.

Não tenho como explicar a magnitude desse amor. Só sei que sinto sua presença em mim e uma onda de inspiração ordena-me a escrever.

Contudo, como colocar em palavras uma onda de amor sem fim? Como descrever O SILÊNCIO QUE AMA?

Ainda agora, eu estava fazendo um trabalho energético e pensando no bem de todos. Bastou lembrar-me daquela luz rosa e várias imagens surgiram na minha tela mental: Yemanjá, Buda, Krishna, Jesus, Kali, Kwan-Yin...

Brotou-me a certeza de que era desse amor que eles falavam e com que inspiravam aos homens.

De alguma forma, nesse instante, eu estava sintonizado com eles, com os amparadores e com todos os seres ligados à freqüência da compaixão.

Lembrei-me da frase que criei para registrar esse amor sutil:

"O AMOR QUE GERA A VIDA".

Para mim, tornou-se uma chave mântrica para acessar a sintonia dessa luz, que comunica tanta serenidade a meu ser.

Não posso dizer que ela está dentro ou fora, acima ou embaixo, à direita ou à esquerda, à frente ou atrás.

SÓ SEI QUE ELA ESTÁ!

E eu não sei como dizer para você o que é esse amor viajando dentro do coração. Sou só um ser humano e é "muita areia para o meu pobre caminhão" rodar sozinho com ela, é muito amor para ficar só comigo, é muita luz para um coração segurar.

Por isso, você é minha salvação nessa hora. É meu companheiro de viagem interdimensional na vida e na leitura destes pobres escritos, que não conseguem explicar coisa alguma. Mas é por intermédio deles que chego a você inicialmente. Depois, fica por conta da sua sintonia e da abertura que sua consciência permitir.

Sabe, fico pensando na cegueira espiritual da humanidade...

Junto com tanta miséria, fome, violência, egoísmo, racismo, preconceitos variados, materialismo exacerbado e tanta encrenca que os homens mantêm em suas vidas, há uma tragédia maior: é a fome de amor! Paradoxalmente, há tanto amor viajando na alma dos homens, mas eles não percebem.

Eles nadam num oceano de amor e ainda se perguntam: Onde está a água?

Fico pensando, caro leitor, o ridículo de eu estar escrevendo sobre um amor que não tenho como explicar. Neste mundo de homens e mulheres tão tristes, parece estranho alguém dizer que um amor maravilhoso possuiu seu coração em silêncio.

No entanto, aqui estou eu escrevendo, mesmo sabendo que

Falando de Espiritualidade

alguém sofrido poderá sentir-se machucado por eu estar falando desse amor num planeta com tanta dor.

Talvez a dor seja filha direta da cegueira espiritual que bloqueou a alma dos homens para O AMOR QUE GERA A VIDA.

Não sei qual é o motivo pelo qual essa presença sutil está aqui, só sei que estou escrevendo cheio de amor.

Não tenho poder para mudar a humanidade e nem me sinto diferente dos outros. Mas tentei escrever sobre o que não pode ser descrito em meras palavras.

Se alguém se sentir tocado espiritualmente de alguma maneira, terá valido a pena escrever essas palavras intranscendentes, incapazes de revelar o transcendente amor que me ordena a escrever de todo modo.

Quem sabe o poder de transformação que estas pobres linhas podem causar no coração de alguém?

Quem sabe se não chegou a hora de vermos o que sempre esteve diante de nossos olhos opacos?

O AMOR QUE GERA A VIDA é pura luz silenciosa.

Exercício do Arco-Íris

Eleve seu pensamento, procurando uma conexão com seus amparadores.

Procure fazer este exercício com o desejo sincero de que o bem que ele possa lhe trazer também se estenda a todas as pessoas.

Visualize um lindo arco-íris à sua frente.

Comece a andar nesse arco-íris, inicialmente sobre a cor vermelha.

Visualize uma energia vermelha subindo pelos seus pés até chegar em seu chacra básico.

Essa energia começa a se condensar até formar uma esfera de luz vermelha.

A seguir, caminhe sobre a cor laranja. A energia laranja sobe pelos seus pés até chegar em seu chacra sacral e se transforma numa esfera laranja.

Caminhe sobre a cor amarela. A energia amarela sobe pelos seus pés até chegar em seu chacra umbilical e, aos poucos, transforma-se numa esfera amarela.

Caminhe calmamente sobre a cor verde. Do mesmo modo, visualize que a energia verde sobe pelos seus pés até chegar em seu chacra do coração, condensando-se numa bola de luz verde.

A seguir, faça o mesmo com a cor azul-claro, colocando a esfera azul em seu chacra laríngeo.

Caminhe sobre a cor azul índigo. A energia azul sobe até seu chacra frontal, formando uma bola de luz azul índigo.

E, com bastante calma, caminhe sobre a cor violeta.

Visualize a energia violeta subindo pelo seu corpo até chegar em seu chacra da coroa, onde se transforma numa esfera de luz violeta.

Falando de Espiritualidade

Neste momento, você está com sete esferas coloridas em seus chacras principais, pulsando e irradiando luz.

Visualize essas esferas se misturando dentro de você, até formar um lindo arco-íris que sai pelo seu chacra da coroa, subindo em direção ao Universo.

Exteriorize muita energia através desse arco-íris.

Medite: um pouquinho de você está indo para algum lugar, então, coloque nesse arco-íris o que você tem de melhor, com muito sentimento e alegria em integração com o Universo e com seu Grande Arquiteto...

Paz e luz!

– Nair Cortijos –

Exercício da Estrela de Cristal

Procure ficar numa posição bem confortável, sentado ou em pé.

Eleve seu pensamento aos amparadores, estabelecendo uma ligação bem doce, amorosa e sutil.

Visualize sob seus pés o Sol, bem quente e dourado.

Procure sentir o calor do Sol subindo pelos seus pés.

Lentamente, faça essa bola de luz quente e brilhante subir pelas suas pernas.

Visualize que, por onde o Sol passa, ele deixa um rastro dourado e quente.

Essa bola continua subindo, passando pelo seu baixo-ventre e chegando em sua região abdominal.

Imagine a luz dourada que esse Sol irradia nesse caminho e procure sentir toda essa vitalidade e energia.

O Sol continua subindo e instala-se agora em seu peito.

Sinta todo esse calor tomar conta do seu coração, que começa a irradiar toda essa luz dourada e brilhante.

Fique por uns instantes sentindo o sol em seu peito, trazendo alegria, amor e compaixão.

A seguir, visualize em cima de sua cabeça uma Lua bem grande e branquinha. Sinta a energia mais fria que a Lua irradia na direção do topo de sua cabeça.

Lentamente, faça a Lua entrar em sua cabeça, espalhando energia prateada e brilhante.

Visualize a Lua descendo pela sua testa, desobstruindo seu chacra frontal.

Falando de Espiritualidade

A Lua continua descendo, passando suavemente pela sua garganta.

Agora, a Lua chega até seu peito, onde já se encontra o Sol.

Visualize que o Sol e a Lua juntos transformam-se lentamente em uma linda estrela de cristal.

Sinta essa estrela brilhante em seu peito pulsando e irradiando luz e amor.

Coloque o que há de melhor em você nessa estrela, com muita suavidade e alegria.

Visualize agora que essa linda estrela de cristal sai de seu peito e começa a subir em direção ao Universo.

Essa estrela se afasta do planeta Terra e continua subindo até instalar-se junto com as outras estrelas do Universo.

Procure então imaginar um lindo céu estrelado e a sua estrela junto com as demais, brilhando e irradiando todo o sentimento que você colocou.

Deseje, profunda e sinceramente, que essa estrela possa, de alguma maneira, trazer algo de bom para qualquer pessoa, deste planeta ou de qualquer outro planeta.

E agradeça sempre aos amparadores e, principalmente, agradeça ao Grande Arquiteto deste Maravilhoso Universo...

Paz e luz!

– Nair Cortijos –

Capítulo X

Mestres e Amigos da Humanidade

Falando de Espiritualidade

Sol Nascente

O Sol bate no alto da casa japonesa.

Vejo o reflexo de mil brilhos em seu telhado avermelhado.

A mente começa a viajar pela clarividência e vejo espiritualmente as imagens do povo japonês.

Diante do meu olho espiritual, passam as imagens de gerações e gerações de japoneses.

Séculos de história nipônica se desenrolam como um pergaminho espírito-visual, plasmado diante da minha percepção.

Vejo o Japão surgindo, mudando, ressurgindo e mudando...

A linha do tempo segue e as imagens mostram o Japão espiritual transformando-se no Japão tecnológico.

A Espiritualidade se foi...

Ficou a tecnologia e também o estresse e o vazio consciencial.

A alma do povo japonês chora, agoniada, dilacerada nas entranhas de seu dragão tecnológico.

Os mais antigos estão presos a códigos de honra ultrapassados e os mais jovens estão presos no vazio-material-eletrônico.

Oh, Ilha de Edo!

Seus velhos estão tristes e seus jovens estão perdidos, engolfados nas luzes artificiais das coisas.

Onde está sua alma verdadeira?

Povo japonês, onde estão seus sonhos luminosos?

Que modernidade é essa que faz seu coração sofrer?

Por que essas luzes artificiais tomaram seu brilho espiritual?

Vejo novamente o telhado da casa japonesa.

O Sol já foi embora e os moradores da casa acenderam as luzes.

Porém, surge um outro Sol no zênite.

Sua luz é mais intensa e percebo ondas de amor em seus raios.

É o Sol Espiritual de Buda.

Sua luz-sabedoria banha toda a casa.

Percebo nessa visão um simbolismo: a casa representa o Japão!

Sinto que nesse momento a alma do Japão está recebendo o Dharma de Buda.

Sim! O espírito de Buda está abraçando o povo japonês.

Não sei o motivo dos espíritos me mostrarem essa visão.

Mas, por intuição, sei que tenho antigas ligações com o Japão.

Não conheço o futuro do povo japonês, mas sei que o Sol de Buda está brilhando nos telhados espirituais do Extremo Oriente.

Parece-me que a verdadeira alma japonesa está querendo ocupar seu devido lugar no coração das pessoas.

Ela brilha sob a luz de Buda.

Sua luz não é artificial, pois é um Sol de amor.

Falando de Espiritualidade

Carta ao Buda

Buda, meu amigo!

Há 2500 anos que você observa pacientemente esse jogo de viver dos homens da Terra.

Sua compaixão é infinita e seu trabalho sutil não é percebido pela agitação do mundo.

Você é só amor! Contudo, não consigo percebê-lo nos rituais religiosos e nos homens vestidos com roupas alaranjadas que dizem falar em seu nome.

Sabe onde eu acho que você está? No coração das pessoas aflitas que estão submetidas à roda de samsara* e aos tormentos de Maya.**

Estão adorando-o em um paraíso budista, mas acho que você está bem no meio das trevas do mundo, intercedendo sutilmente a favor dos desvalidos de todos os lugares e religiões.

Há muitos caras entoando mantras verbalmente e evocando-o em meio à bruma dos incensos. Mas você é só silêncio e clareza.

Cara, você é um oceano de compaixão!

Por aqui, nesta zona urbana, têm caras despejando balas dentro da firma, no cinema e na lanchonete. Ah, também têm milhões de pessoas passando fome e um monte de guerras acontecendo em várias regiões. Fora um monte de religiosos gritando nos templos e nas ruas que a religião deles é melhor do que a dos outros.

Sabe, eu poderia estar aqui revoltado e dizendo que este mundo não presta e que a humanidade não tem salvação. Também poderia estar aqui achando-me um escolhido espiritual e esperando algum poder superior ou extraterrestre resgatar-me para longe desta zona toda.

---

* Roda de samsara (do sânscrito): Roda reencarnatória compulsória.
** Maya (do sânscrito): Ilusão.

Poderia estar levando minha covardia e o meu imenso ego para outro planeta. Porém, sozinho aqui no meio da madrugada, só consigo lembrar-me de você e de sua serenidade. Sinto sua compaixão envolvendo a alma do mundo.

Os homens gritam isso ou aquilo, cada um com suas ilusões e seus egos entupidos de arrogância e egoísmo.

Todos acham que estão absolutamente certos, mesmo navegando pelos mares da relatividade.

No entanto, você trabalha quieto, meu amigo. Silenciosa serenidade e imenso amor em resposta à dor do mundo.

Eu poderia reclamar disso ou daquilo, mas aí lembro-me de você e meu coração fica cheio de compaixão. Ele se entrega totalmente a você e me sinto desarmado de qualquer pensamento medíocre.

Cara, escrevendo estas linhas e ligado em sua sintonia invisível, percebo minha aura toda dourada e uma onda de luz pacífica aqui no meu ambiente.

Olho pela janela da sala e vejo vários prédios. Em todos eles, está essa luz pacífica.

Por que será que os homens não percebem essa luz silenciosa cheia de bálsamos invisíveis?

À primeira vista, parece que eles padecem de uma profunda cegueira consciencial. Mas, acho que é porque o coração deles está fechado. É por causa disso que suas mentes estão sempre cheias de confusão.

Você os conhece bem melhor do que eu. Acompanha a trajetória dessa humanidade há muito tempo, não é mesmo? E, mesmo assim, ainda insiste nessas ondas de compaixão a favor deles.

Meu amigo, nasci e cresci no Rio. Hoje, moro em São Paulo. Ou seja, sempre vivi em grandes centros urbanos e em meio ao caos e à violência das cidades.

Falando de Espiritualidade

Muitos de meus amigos tombaram sob a ação de drogas e outros foram atropelados pela violência. E, além disso, também vi muitos companheiros de ideais espiritualistas serem apanhados nas redes da arrogância. Outros revoltaram-se contra a própria Espiritualidade e entregaram-se covardemente ao vazio consciencial de só comer, beber, dormir e copular até morrer, sem pensar em qualquer coisa a mais do que sua vida egoísta. Outros, ainda, passaram para o lado das trevas conscienciais e trabalham contra a própria humanidade.

Eu poderia estar revoltado e chorando as perdas de pessoas queridas. Mas sei que elas não morrem nunca!

Daí, lembro-me de você e meus olhos ficam dourados. O coração entrega-se incondicionalmente e lágrimas douradas rolam pelo meu rosto.

Cara, são lágrimas de compaixão, não de revolta ou de dor. Elas são filhas do seu silêncio e não estão carregadas de emocionalismo barato. Elas estão cheias de amor.

Aqui e agora, sou médium desse seu silêncio amoroso e sinto que essas lágrimas de luz lavam o mundo.

Certa vez, um amparador extrafísico disse-me que o silêncio canta e encanta. Agora entendo isso perfeitamente. Não era do silêncio dessa dimensão que ele falava. Era sobre o silêncio da serenidade que ama sem alarde, sem dramas, sem chantagens, sem reconhecimento, sem patologias psíquicas arraigadas e sem medo.

Meu amigo, seu silêncio encantou meu coração. Sua canção pacífica possuiu-me por completo. Meu coração é seu!

Sei que estas linhas escritas são médiuns e transmitirão mundo afora seu abraço silencioso.

Meu amigo, você é pura compaixão, nem oriental ou ocidental, apenas compaixão incondicional.

Sua simplicidade nada tem a ver com o formalismo e a política das doutrinas fundadas em seu nome.

Seu templo é o mundo e tudo o que está vivo é seu irmão.

Sua ação é sem ego, e que motivo o seu amor incondicional precisaria para amar?...

Olhe, não sei se sou o cara mais adequado para falar de você. Não sigo nenhuma religião estabelecida e não gosto de limitar meu raciocínio a nenhuma linha em particular, embora procure aprender o melhor de cada uma livremente.

Acho Jesus, Krishna e você um arraso!

Como não faço nenhum campeonato de mestres para ver quem é o melhor e nem fico gritando a favor de doutrina alguma, reservo-me o direito de achar que vocês três são maravilhosos.

Estou escrevendo esta carta agora, mas sei que você já a tinha lido bem antes, no lótus do meu coração espiritual.

Bilhões de seres humanos sofrendo dores atrozes, do corpo e da alma, e uma onda silenciosa invadindo tudo...

Bilhões de seres nascendo, vivendo, morrendo, vivendo, renascendo, trancendendo e vivendo... e uma profunda compaixão trabalhando nos bastidores invisíveis...

Confusão e violência grassando no mundo... e lágrimas de luz lavando bilhões de corações sutilmente...

Tiros, bombas, traições, aflições, dores... e um oceano de serenidade banhando corações trancados.

Cara, as pessoas não acreditarão que eu escrevi esta carta para você e que foi o seu abraço silencioso que me fez escrevê-la. Elas estarão preocupadas se o texto é budista, espiritualista, universalista ou algum outro rótulo que elas arranjem para classificar a espiritualidade alheia. Elas ficarão questionando se estas linhas foram escritas por inspiração, canalização ou por intermédio de algum mecanismo anímico ou mediúnico.

Falando de Espiritualidade

Quantas perceberão a mensagem de amor incondicional inserida nestas linhas?

Quantas perceberão que o amor não tem rótulo nem doutrina?

Quantas sentirão seu abraço invisível?

Quantas perceberão o SERENÃO que você é?

Quantas delas perceberão você, Jesus, Krishna e outros luminares abraçando o mundo em silêncio operante?

Durante estes escritos chamei-o de cara e de meu amigo.

Talvez algum budista mais ortodoxo fique bravo comigo por isso. Mas você é o Buda, o Iluminado. E abraçou-me como irmão e amigo. Não notei nenhum ego nisso, só simplicidade e fraternidade consciente.

Como eu poderia tratá-lo sem intimidade depois que você possuiu meu coração e encheu meus olhos de lágrimas douradas de fraternidade?

Ao final destes escritos, só posso dizer-lhe com o coração alegre:

MUITO OBRIGADO, QUERIDO!

(Estes escritos são dedicados aos meus amigos Fernando, Naná, Ricardo, Elifas, Vitor e à minha companheira Thaís. São eles que me ajudam na manutenção do nosso site e do IPPB e na propagação dessas idéias conscienciais.)

Wagner Borges

Um Encontro Luminoso

Enquanto eu caminhava sob as árvores, Ele surgiu. A princípio, pensei que Ele era um estrangeiro. Mas seu olhar sereno não me deixou dúvidas.

Ele veio e me cumprimentou. Fiquei paralisado enquanto Ele deu um leve sorriso.

Vi em seus olhos um oceano de doçura.

De súbito, Ele entrou em meu peito e foi para dentro do meu coração. Instalou-se lá e eu submergi no mar do samadhi.*

Ele estava em mim e dizia-me que nós éramos avatares do mesmo amor.

Foi assim que Ramakrishna contou-me da primeira vez que se encontrou com Jesus.

Da mesma forma, conto-lhes agora, do meu jeito.

Só sei dizer que Ramakrishna e Jesus andam juntos por aí, querendo encher os corações de amor e luz.

OM TAT SAT!

*(Enquanto eu escrevia, rolava aqui no som a maravilhosa música "Oh Life", música 12 do CD **Try Anything Once** – 1993, de Alan Parsons.)*

* Samadhi (do sânscrito): "Expansão da Consciência"; "Consciência Cósmica".

Falando de Espiritualidade

Sorrisos no Coração-Menino

Quando eu era menino, percebia Krishna e Jesus em meu coração. Voava com eles pelo céu da alegria e surfava nas ondas do amor. Com o passar do tempo, perdi o encanto de suas presenças em mim. Supostamente, tornei-me adulto e entorpeci-me com o ego e suas ansiedades estúpidas.

As ondas de experiência levaram-me a vários portos. Sem rumo, vaguei pelos mares da dúvida e do carma. Porém, um dia, o encanto ressurgiu e meu coração alegrou-se. Senti aquela alegria e amor invadirem meu ser novamente. Krishna e Jesus estavam lá!

Na verdade, nunca haviam saído; eu que havia bloqueado a sintonia com eles.

Voltei a voar e meu coração, sempre menino, está possuído por miríades de cores beatíficas. Dentro dele, há um jardim habitado por muitos devas.*

Constantemente, eles vêm compartilhar comigo brincadeiras e cores. Viajamos nas ondas de um amor sem fim...

Em meu coração-menino, Jesus e Krishna estão sorrindo. São Eles que me inspiram a seguir, amar, escrever, compartilhar a espiritualidade e sorrir...

(Este texto é dedicado aos amparadores hindus que estavam comigo na hora em que meu coração-menino me ordenou que passasse essas palavras para o papel.)

* Devas (do sânscrito): divindades, anjos.

Andando com Krishna

Krishna, meu amigo,

Por favor, desculpe-me! Em meu coração, vi o seu olhar silencioso mais uma vez. Eu estava cego e não sabia: "eu não era mais meu, era seu!"

Quanto tempo perdido sem vê-lo, querido amigo. Mas sei que você estava juntinho comigo em cada momento ao longo de muitas existências.

Outro dia, vi aquele deva que você enviou para me ajudar. Ele também tem o seu olhar silencioso.

Aqui, no mundo dos homens tristes, há uma grande cegueira espiritual e uma imensa fome de amor.

Por isso, eles não percebem sua presença dentro deles mesmos.

Eles não o percebem, mas poderiam, pelo menos, sentir seu calor espiritual, inspirando-os.

Senhor dos olhos de lótus, por favor, ajude-nos a espanar o pó dos milênios de mágoa acumulada em nossos corações vacilantes.

Como eu poderia provar aos homens tristes que os avatares* luminosos voam nos céus de seus próprios corações?

Como fazê-los compreender que você não está em dimensões paradisíacas, mas sim, trabalhando em meio às dores de cada um?

Como dizer-lhes que você espalha sorrisos e flores em meio às trevas de seus dramas?

Como provar-lhes que o estou vendo agora, ao meu lado e dentro de mim mesmo, ordenando-me para que escreva e compartilhe serenamente com meus companheiros de estudo o seu doce olhar?

* Avatares: mestres espirituais, canais luminosos, seres de luz.

Falando de Espiritualidade

Você chegou em silêncio e cativou-me com seu amor.

Não me pediu nenhuma adoração cega e nem que eu abandonasse o mundo.

Só me pediu para escrever aos homens adormecidos e comunicar-lhes que você está trabalhando em seus corações.

Você chegou e ficou, e eu sei o porquê.

Meu chacra da coroa está aberto e as bocas dos lótus de todos os chacras estão apontando para cima.

Há galáxias rodopiando dentro do meu chacra da coroa e zilhões de abraços silenciosos emanando do coração para todos os seres que sofrem por aí...

Krishna, você está aqui e eu o agradeço por tudo.

Será que as pessoas compreenderão que eu não sou mais meu, mas integralmente seu?

Seria possível passar sua luz por intermédio desses simples escritos?

Seria possível prestar uma assistência espiritual invisível para alguém por meio destes escritos?

Meu amigo, você estava em mim, mas eu não estava em você.

Felizmente, meu olhar percebeu o seu e, no silêncio, nos fundimos em uma expansão, não só de consciência, mas também de amor!

Que mais poderei eu escrever? Como descrever o amor que viaja pelos meus nádis* e chacras em forma de líqüido luminoso consciente e cheio de sorrisos interdimensionais?

Como dizer-lhes que um cara azulado com os olhos mais amorosos que já vi está aqui comigo de maneira tão simples?

---

* Nádis (do sânscrito): condutos energéticos sutis.

Como é mesmo que você me disse uma vez?

"Vá, menino. Encha o mundo de espiritualidade com simplicidade e amor. Leve aos homens as mensagens da esperança e da imortalidade.

Eu sempre estarei com você ao longo das vidas, pois seu alforje está cheio de setas de luz.

Dispare-as na crosta do mundo e fleche a ignorância e a falta de amor com raios de luz consciente.

Siga confiante e trabalhe sem ego!

Vá, menino. Diga aos homens que o senhor dos olhos de lótus saúda a todos na PAZ IMPERECÍVEL".

Krishna,

Tomara que estes escritos sejam setas de luz para as pessoas que pousarem seus olhares neles.

Que elas saibam da verdade:

NÃO SOU MAIS MEU, SOU INTEGRALMENTE SEU!

(Será que as pessoas perceberão que você não é uma religião nem um mito, mas sim uma consciência espiritual elevada, que viaja pelos céus dos corações dos homens junto com Gautama, o Buda, e Jesus, o Cristo, e outros avatares do AMOR?)

OM MAHARAJ!*

(Esse texto é dedicado aos meus amigos Ranulfo, Lázaro, Ana e Fiore, e às minhas duas estrelinhas queridas: Heleninha e Maria Luz.)

(Escrito durante uma reunião do grupo de estudos de Projeciologia e Espiritualismo do IPPB, com cerca de 100 pessoas presentes.)

---

* OM MAHARAJ (do sânscrito): "Grande Rei". É um dos mantras de evocação ao Krishna.

Falando de Espiritualidade

Rabi, Doce Rabi

Jesus,

Por que os homens Te buscam tanto nas igrejas e na Bíblia? Será que não Te vêem no próprio coração?

Por que gritam tão alto Teu nome? Será que não percebem o silêncio do Teu trabalho no interior de suas almas?

Eles estão cegos espiritualmente? Por que não conseguem ver Tua ação sutil e pacificadora?

Muitos dizem que o Senhor foi para o céu e voltará no juízo final. Mas meu coração me diz que o Senhor nunca saiu de dentro dele.

Parece-me que os homens gostam mais de religião do que do Senhor. Usam Teu nome como *slogan* de conversão religiosa mas, coitados, não há brilho de amor em seus olhos.

A compaixão foi dizimada pela intolerância religiosa. Não compreendem como alguém pode ser feliz em outra religião.

Citam trechos do evangelho, mas agem como múmias conscienciais.

Doce Rabi, abençoa a todos esses que não Te percebem no coração e não Te vêem nos semelhantes de outras religiões.

* * *

Certa vez, um amigo extrafísico me disse que entre os iniciados iogues o Senhor é respeitado como a expressão do AMOR OM.

Querido amigo, só consigo visualizá-lo sorrindo e com os olhos brilhando de ternura.

É que Ramatis me disse que o Senhor adora ver as flores desabrochando.

207

Mas quem me falou mais do Senhor foi meu coração. Ele me disse que o Senhor é tão simples e amigo...

Percebendo esta luz cor de vinho banhando meu chacra frontal sob Teu influxo, sei que minha viagem pela Terra é inspirada pelo Teu amor.

O Senhor e Krishna vêm guiando-me invisivelmente há tantas vidas...

Ah, esse sorriso... é a força do meu serviço espiritual no mundo.

E esses olhos brilhando de ternura silenciosa... são a luz que abre a flor de lótus do meu coração espiritual.

Doce Rabi, os homens radicais não Te percebem, mas aqui no templo secreto de minha alma há essa luz cor de vinho, pura compaixão em ação.

Que o brilho dessa luz seja maior a cada dia e que ajude invisivelmente os homens de todas as raças, religiões e caminhos.

MUITO OBRIGADO, QUERIDO!

Falando de Espiritualidade

Francisco de Assis, o Chiquinho de Jesus

"O corpo é nossa cela e a alma, o ermitão nessa cela, encerrado para orar para o Senhor e meditar Nele."

— Francisco de Assis —

Ele conversava com os bichinhos e os espíritos da natureza. Às vezes, entrava em êxtase* olhando a lua e flutuava sobre a campina enevoada.

Ele chamava o sol de irmão e sua luz de esplendor celeste. Seu nome era Francisco, o menino simples de Jesus, o Chiquinho do amor.

Certo dia, ele viu Jesus em seu próprio coração e entrou em êxtase. Foi possuído por uma atmosfera de puro amor e flutuou nela.

As testemunhas de sua ascensão foram os bichinhos e os espíritos da natureza.

Esse homem simples foi possuído por aquelas ondas de amor silenciosas emanadas por Jesus, o amigo dos homens. Ele era de Assis, mas seu coração era de Jesus.

E o amor que o guiava era incondicional, de todo mundo, além das referências de raça, religião, sexo ou cultura.

Aquele amor que ama a prostituta e a dona de casa, o plebeu e o rei, o materialista e o religioso, o tolo e o sábio, o ocidental e o oriental, o homem e a mulher, o velho e a criança, os bichinhos e os espíritos da natureza.

Aquele amor que opera em silêncio e que só quem viaja espiritualmente nas suas ondas em serviço a favor do mundo sabe.

Aquele amor, pai da poesia, mãe da canção e fonte inspiradora de textos criativos, viagens espirituais enobrecedoras da consciência e toques sadios.

---

* Êxtase: expansão da consciência.

Wagner Borges

Aquele amor que possuiu o Francisco dos bichinhos e que iluminou seus passos desde então.

Aquele amor que arrebatou seu espírito para os planos celestes e tornou-o o Chiquinho dos sofredores, o homem simples que ajuda invisivelmente a humanidade com suas preces luminosas e seu coração generoso.

O Chiquinho de Jesus, um mestre estelar que ajuda os homens em silêncio, mas que só os bichinhos e os espíritos da natureza continuam testemunhando sua ação luminosa.

O Chiquinho do amor, a quem homenageio com estes pobres escritos que nasceram de um coração que sempre se lembra com admiração da prece que ele ensinou:

Oração de São Francisco de Assis

Senhor,
fazei-me instrumento de vossa Paz.
Onde haja ódio, consenti que eu semeie Amor;
Perdão, onde haja injúria;
Fé, onde haja dúvida;
Esperança, onde haja desespero;
Luz, onde haja escuridão;
Alegria, onde haja tristeza.

Ó Divino Mestre,
permiti que eu não procure tanto
ser consolado quanto consolar;
ser compreendido quanto compreender;
ser amado quanto amar.
Porque é dando que recebemos;
perdoando que somos perdoados.
E é morrendo que nascemos para a
Vida Eterna.

Falando de Espiritualidade

Aqui e agora, nas luzes do século XXI e agradecendo às ondas de um oceano de amor que chega e beija as areias das praias do meu coração espiritual, lembro-me do Chiquinho do amor e de Jesus, o amigo dos homens. E penso naqueles homens e mulheres que estão voltando agora de uma dura jornada de trabalho em meio ao tráfego da cidade de São Paulo (o meu templo iniciático de concreto cinzento que tanto me ensina a viver entre os homens) e que acordaram muito cedo para a labuta diária. Esses homens e mulheres anônimos que tanto admiro por sua tenacidade e esforço digno para sobreviver em meio a tantos problemas... Essas pessoas que tenho certeza de que Jesus e Chiquinho do amor estão abraçando no silêncio da compaixão regeneradora.

Esses meus irmãos de caminhada terrena pelos quais meu coração ora em silêncio em agradecimento por suas lições de bravura e ombridade dentro do caos urbano.

Aqui, nas luzes do século XXI, e vivendo em uma das maiores cidades do planeta, só tenho a agradecer aquele amor que ilumina meu coração e me faz voar contente em espírito por ter acesso às vibrações da Espiritualidade e sabedor de que muitos não têm esse acesso por falta de recursos e que estão presos agora em um engarrafamento estúpido ali na Avenida Paulista e em outros lugares.

Que um abraço invisível possa ajudá-los na dura caminhada da experiência diária entre as pessoas, pois essa é a maior prova iniciática que existe.

Paz e luz.

*(O músico mineiro Marcus Viana (do Sagrado Coração da Terra e autor de várias trilhas sonoras para novelas e mini-séries de tv) lançou recentemente um excelente trabalho chamado "Francisco de Assis" (Gravadora Sonhos e Sons). É um CD maravilhoso e com temas bastante inspirados. É a trilha sonora exata para este texto. Para maiores informações, o **site** do excelente Marcus Viana é www.sonhosesons.com.br)*

Posfácio

Falando de Espiritualidade

Telas da Vida

Somos pintores e nossa mente é a tela.

Projetamos nela as cores dos nossos pensamentos e aspirações.

Às vezes, criamos atmosferas coloridas.

Porém, em outros momentos, pintamos as cores de nossas dores e desejos infelizes.

Quando unimos nossos pensamentos aos pensamentos de Jesus, Krishna, Buda e tantos outros mestres da consciência, pintamos com eles e tornamo-nos co-criadores de atmosferas felizes.

Entretanto, quando unimos nossos pensamentos às vibrações infelizes, sintonizamos as mentes imersas nas trevas conscienciais.

Tornamo-nos, assim, sócios espirituais na produção de telas trágicas.

Tudo é questão de sintonia! Nossas telas de vida refletem a qualidade de nossos pincéis (escolhas e atos).

Nossas cores são o reflexo do que somos.

Viver é pintar!

Pensamentos emolduram situações e atmosferas. Podemos pintar alegrias ou desgraças nas telas de nossas vidas. Tudo depende da inspiração do pintor.

Em escala maior, o universo é a imensa tela onde o Todo projeta as tintas do amor infinito.

Somos expressão dessas cores magnânimas, portanto, podemos ser co-criadores de climas felizes nas telas do infinito de nossas vidas.

Que nossas telas tenham as cores da paz!

– Os Iniciados –

Glossário

Falando de Espiritualidade

Glossário

Amparador – Entidade extrafísica e positiva que ajuda o projetor nas suas experiências extracorpóreas; mentor extrafísico; mestre extrafísico; companheiro espiritual; protetor astral; auxiliar invisível; guardião astral; guia espiritual.

Ananda (do sânscrito) – Bem-aventurança; Êxtase espiritual.

Anímico – Que tem relação com o animismo.

Animismo (Latim: animus, alma) – Conjunto de fenômenos parapsíquicos produzidos pela própria pessoa, sem interferência externa.

Aura (Latim: aura, sopro de ar) – Halo luminoso de distintas cores que envolve o corpo físico e que reflete energeticamente o que o indivíduo pensa, sente e vivencia no seu mundo íntimo.

Atman (do sânscrito) – Centelha divina; essência divina; espírito.

Avalokitesvara (do sânscrito) – O bodhisattva da compaixão no contexto do budismo tibetano. É o criador do mantra da compaixão: Om Mani Padme Hum.

Avatar (do sânscrito) – Emissário divino; canal divino; ser de luz que reencarna na Terra por amor e que é portador de vibrações divinas para a humanidade.

Bhagavad-Gita (do sânscrito) – Literalmente: "A Canção do Senhor". É uma parte do Mahabharata, um dos grandes épicos da Índia, que trata dos ensinamentos espirituais do avatar Krishna para o seu arqueiro-discípulo Arjuna, no campo de batalha.

Bharata (do sânscrito) – É o nome das famílias em guerra retratadas no Mahabharata.

Bo-Yang – Mantra esotérico de ativação do chacra frontal para combater o medo e aumentar a concentração.

Bija-Mantra (do sânscrito) – Mantra-Semente; mantra nuclear. Por exemplo, cada um dos sete chacras principais tem um bija-mantra específico para o seu desenvolvimento energético e espiritual.

219

Brahman (do sânscrito) – O Todo; O Supremo; Deus; O Grande Arquiteto Do Universo.

Carma (do sânscrito: Karma, ação) – É a lei de causa e efeito universal.

Chacras (do sânscrito) – São os centros de força situados no campo duplo etérico e que tem como função principal a absorção de energia (prana, chi) do meio ambiente para o interior do campo energético e do corpo físico. Além disso, servem de ponte energética entre o corpo espiritual e o corpo físico.

Clarividência – Faculdade perceptiva que permite ao indivíduo adquirir informações acerca de objetos, eventos psíquicos, cenas e coisas, físicas ou extrafísicas, através da percepção parapsíquica de imagens ou quadros mentais.

Consciência Cósmica – Condição ou percepção interior pela qual a consciência sente a presença viva do Universo e se torna una com ele, uma unidade indivisível; satori (zen-budismo); samadhi (ioga).

Corpo Astral – É o nome com o qual os ocultistas e teosofistas denominam o corpo espiritual; psicossoma; perispírito.

Corpo Mental – É o veículo de manifestação pelo qual a consciência se manifesta usando os atributos da inteligência (intelecto, intuição, memória, imaginação, etc.); mente; corpo do pensamento.

Deva (do sânscrito) – Ser divino; anjo.

Dharma (do sânscrito) – Dever; Mérito; Missão; Trabalho; Retidão de conduta.

Duplo Etérico – É um campo energético bastante densificado através do qual o psicossoma se une ao corpo físico. É uma zona intermediária pela qual passam as correntes energéticas que mantêm o corpo humano vivo. Sem essa zona intermediária, a consciência não poderia utilizar as células de seu cérebro físico, pois as emanações do pensamento, oriundas do seu corpo mental, e as emanações emocionais, oriundas do seu psicossoma, não teriam acesso à matéria física.

Falando de Espiritualidade

Egrégora – É o campo energético que reflete o somatório mental, emocional e energético dos ambientes, objetos, pessoas e situações. É a aura ambiental plasmada espiritualmente num determinado contexto fixo de idéias, emoções e ações. Podemos dizer que as atividades humanas, particularizadas e repetidas com freqüência num certo ambiente, geram um clima espiritual, uma aura personalizada, que é o reflexo extrafísico do nível dessas atividades manifestadas. A esse ambiente extrafísico, verdadeiro subconsciente energético do local, os antigos ocultistas denominaram Egrégora ou Campo Astral. É o mesmo que o holopensene na concienciologia.

Expansão da Consciência – É o mesmo que consciência cósmica (samadhi).

Experiência Fora do Corpo – É o nome pelo qual os pesquisadores e parapsicólogos denominam a projeção da consciência; projeção astral; viagem astral.

Formas-Pensamento – Formações mentais modeladas e organizadas pelo pensamento e pela imaginação.

Maya (do sânscrito) – Ilusão; tudo aquilo que é mutável, que está sujeito a transformação por decaimento e diferenciação.

Médium – É o indivíduo que tem a capacidade supranormal de perceber os seres extrafísicos e de servir de canal interdimensional para eles se comunicarem com os níveis mais densos.

Mediunidade – É o conjunto dos fenômenos parapsíquicos manifestado pelo indivíduo (médium) sob a influência de seres extrafísicos.

Narananda (do sânscrito) – O homem portador da bem-aventurança. É um dos nomes esotéricos de Arjuna, o discípulo-arqueiro de Krishna.

Om Mani Padme Hum (do sânscrito) – Sua tradução literal é: "Salve a jóia no lótus". Esse é um mantra de evocação do bodhisattva da compaixão entre os budistas tibetanos e chineses. Om é a vibração do TODO. Mani é a "Jóia espiritual que mora no coração", ou seja, é o próprio espírito, atman, essência de Brahman. Lótus é o chacra do coração

Wagner Borges

que envolve energeticamente essa jóia sutil. Hum é a vibração dessa compaixão do TODO vertendo a luz pelo chacra do coração em todos os seres.

Perispírito – É o nome pelo qual os espíritas denominam o corpo espiritual; psicossoma; corpo astral.

Plano Extrafísico – É o mesmo que plano astral ou plano espiritual.

Projeção – É o ato de se projetar espiritualmente para fora do corpo físico.

Projeção Astral – É o nome pelo qual os ocultistas e teosofistas denominaram a projeção da consciência; viagem astral; experiência fora do corpo.

Projeção da Consciência – É a capacidade parapsíquica (inerente a todas as criaturas) que consiste na projeção da consciência para fora de seu corpo físico; viagem astral (Ocultismo); projeção astral (Teosofia); projeção do corpo psíquico (Ordem Rosacruz); experiência fora do corpo (Parapsicologia); viagem da alma (Eckancar); desdobramento, desprendimento espiritual ou emancipação da alma (Espiritismo).

Psicossoma – Veículo de manifestação pelo qual a consciência se manifesta no plano extrafísico; corpo astral; perispírito; corpo espiritual; astrossoma; corpo dos desejos; corpo psíquico; corpo emocional; corpo fluídico; corpo sutil; duplo astral.

Samadhi (do sânscrito) – Consciência cósmica; expansão da consciência.

Sattva (do sânscrito) – Equilíbrio; pureza. É uma das três manifestações fenomênicas da energia plasmadora de vida (prakriti).

Veículos de Manifestação da Consciência – São os corpos energéticos do ser humano; veículos conscienciais; capas energéticas.

Yang e Yin – São as polaridades energéticas; alternâncias do chi (força vital).